Dr. Gary ~~~~~
Ted Cun~~~

El Lenguaje del
Sexo

Cómo experimentar
la belleza de la
intimidad sexual

La misión de Editorial Vida es ser la compañía líder en comunicación cristiana que satisfaga las necesidades de las personas, con recursos cuyo contenido glorifique a Jesucristo y promueva principios bíblicos.

EL LENGUAJE DEL SEXO
Edición en español publicada por
Editorial Vida – 2009
Miami, Florida

Copyright ©2009 por Editorial Vida

Originally published in English under the title:
The Language of Sex
Copyright © 2008 by Gary Smalley and Ted Cunningham
Originally published in the USA by Regal Books,
A Division of Gospel Light Publications, Inc.
Ventura, CA 93006 U.S.A.
All rights reserved

Traducción, edición, diseño interior y cubierta: Tónica Estudio Films.

ISBN: 978-0-8297-5609-8

CATEGORÍA: Vida cristiana/ Amor y Matrimonio

IMPRESO EN ESTADOS UNIDOS DE AMÉRICA
PRINTED IN THE UNITED STATES OF AMERICA

09 10 11 12 ❖ 6 5 4 3 2

Dedicación de Gary:

Le dedico este libro a mi hija Kari y a su esposo, Roger Thomas Gibson. Roger no solo es mi agente literario, sino también un amigo muy cercano y un maravilloso esposo y padre. Lo siento, papás de todo el mundo, pero ningún padre puede tener un mejor yerno. Y no creo que ningún padre tenga una hija más amorosa y cariñosa, que no solo es una madre estupenda, sino que pronto también adoptará a una preciosa niña, Zoie, de Etiopía.

Dedicación de Ted:

Le dedico este libro a mi amante, esposa y mejor amiga, Amy. Mi amor por ella aumenta día a día. Tenemos grandes sueños de una vida juntos. Ella es una mamá estupenda y una talentosa directora del ministerio de niños en nuestra iglesia. No solo paso tiempo con ella en casa, sino que también trabajo con ella. Ella es mi mayor admiradora y yo le pertenezco. ¡Te amo, Amy!

Contenido

Agradecimientos

Queremos agradecerle a Roger Gibson por soñar con nosotros y hacer de *El lenguaje del sexo* una realidad. Él es más que nuestro agente literario; es también un gran amigo.

Margaret Feimberg es mucho más que una escritora. Es una gran colaboradora con un estilo periodístico que saca lo mejor de nosotros. Margaret es una sierva y una increíble artífice de la palabra.

Muchísimas gracias a Alex Field por dirigir este libro desde el comienzo hasta el final en Regal. Él nos ha motivado mucho y es una delicia trabajar con él.

Gracias a Regal y a Gospel Light. Bill Greig III, le diriges el equipo con excelencia. También muchísimas gracias al equipo, incluyendo a Bill Denzel, Bruce Barbour, Mark Weising, Aly Hawkins y el equipo de mercadeo y ventas de Regal Books.

También queremos agradecerle a todo el personal de Smalley Relationship Center. Día a día sirven a los matrimonios de todo el mundo. Su duro trabajo no pasa desapercibido. Gracias.

Gracias a Norma Smalley, Terry Brown, Ron Cunningham, Bonnie Cunningham, Scott Weatherford, Austin Deloach, Kim Fertig, Sue Parks y Roger Gibson por leer el manuscrito y darnos sus estupendas opiniones.

El personal de Woodland Hills Community Church jugó un gran papel en este libro. Ted Burden y Bernard Bourque nos ofrecieron invaluables enseñanzas. Pam Strayer transcribió, y Denise Bevins manejó muchos detalles de mi vida durante el proceso. Richard Williams y Jim Brawner ayudaron con el proceso creativo. ¡Gracias! ¡Gracias! ¡Gracias!

A toda nuestra familia y amigos, muchos de los cuales nos contaron sus historias en estas páginas, los amamos y tenemos con ustedes una deuda de gratitud por su paciencia en este proceso.

Prefacio

Este es mi primer libro con Ted Cunningham. Conozco a Ted y a su esposa Amy desde hace seis años. Él es un esposo estupendo y padre de dos niños maravillosos, Corynn y Carson. Ted no es solo un gran amigo y un magnífico escritor y comunicador, sino que es también mi pastor. Ted y yo hemos servido como ancianos juntos en Woodland Hills Church en Branson, Missouri, durante más de seis años. Todas las semanas a mi esposa Norma y a mí nos sorprende ver cómo Dios utiliza a Ted para alcanzar a miles en la comunidad. Sus mensajes son muy prácticos y sentidos. He aprendido mucho de Ted y disfrutado muchísimo al escribir este libro con él. Sé que usted va a aprender mucho de él también.

(Una pequeña anotación: Los nombres de las personas que se mencionan en este libro al igual que los detalles de las historias han sido cambiados para proteger las identidades así como las relaciones de las personas involucradas.)

Gary Smalley

El Lenguaje del
Sexo

CAPÍTULO 1

Las bases para el mejor sexo

Ellen no llevaba mucho tiempo de casada y estaba un poco nerviosa cuando caminó hacia la iglesia. Había sido educada en una familia creyente y funcional. Sus padres habían celebrado hacía poco tiempo su trigésimo quinto aniversario de bodas. Ellen nunca pensó necesitar de consejería para ella y mucho menos para su matrimonio.

Al sentarse en la sala de espera de la oficina, comenzó a enredar su rubio cabello que le llegaba a la altura de los hombros en el dedo índice, un hábito que desarrolló cuando niña y que aparecía inconscientemente cada vez que se sentía incómoda o molesta. Cuando se dio cuenta de su comportamiento, juntó sus manos con firmeza sobre su regazo. Ella sabía que tenía que hablar con alguien sobre lo que estaba pasando en su matrimonio. El pastor que los casó parecía ser la mejor opción.

Los siguientes minutos fueron un poco confusos. La secretaria la llamó. Ella se paró y caminó por un largo corredor hasta llegar a donde el pastor, quien la saludó con un firme apretón de manos. Se sentó en una silla de cuero bastante grande y gastada.

—¿Por dónde quieres empezar? —preguntó el pastor.

Ellen respiró rápidamente.

—Hemos estado casados durante cinco años y tenemos relaciones sexuales de dos a tres veces por semana —dijo ella con una calma que la sorprendió.

—Eso es bueno y saludable —respondió el pastor.

—Pero... —miró al piso y luchó para encontrar las palabras correctas o por lo menos el valor para decirlas—. Nunca he experimentado un orgasmo.

Tenía los ojos llenos de lágrimas. Como una compuerta a punto de estallar, ya no podía contenerlas.

—¿Qué estoy haciendo mal? ¿Qué está él haciendo mal? ¿Qué estamos ambos haciendo mal? —dijo Ellen, mientras se limpiaba las cálidas gotas de sus mejillas con el dorso de la mano.

El pastor miró a Ellen. Vio su dolor. Incluso pudo sentir un poco de este dolor dentro de sí mismo. Sin embargo, no supo qué responder. En el seminario le habían enseñado mucha teología, pero esta pregunta nunca surgió en clase. Una cadena de pensamientos bombardeó su mente: *¿Cómo es posible que el esposo de esta mujer haya tenido relaciones con ella entre trescientas y cuatrocientas veces y no haya obtenido una respuesta de su parte? ¿Cuán confundida e incluso culpable se debe sentir ella después de tener relaciones sexuales? ¿Acaso sus padres se olvidaron de enseñarles algo? ¿Debería llevar al joven aparte y mostrarle algunos dibujos? ¿Es esta una pregunta apropiada para hacerle a un pastor? ¿Es esta una pregunta adecuada que un pastor debe responder? ¿Será que debo remitirlos a otra persona? ¿Debo abrir la puerta de mi oficina para que otros puedan vernos aquí? ¿Cada cuánto tiempo mi esposa experimenta un orgasmo? ¿Acaso mi esposa se siente como esta joven?*

Con gotas de sudor en su frente, el pastor respondió: —Tú eres una persona muy querida para mí y deseo que recibas el mejor consejo. Tengo un buen amigo que es miembro de esta iglesia, es médico y trata con este tipo de preguntas. Voy a concertarte una cita. Mientras tanto, puedo darles una consejería de pareja y puedo tener unas citas a solas con tu esposo.

* * *

Sexo. Para algunos el tema es un tabú. Para otros es repulsivo. Los que quie-ren comercializarlo y explotarlo hacen millones. ¿Sabía usted que para la mayoría de las parejas hablar de sexo es tan difícil como hablar sobre su propio funeral? Esa podría ser la razón por la que la iglesia cristiana se ha quedado callada sobre este asunto durante tanto tiempo.

Algunos se han creído el mito de que solo los esposos deben hablar de sexo. Sin embargo aunque el sexo es sagrado y el lecho matrimonial debe ser guardado, debe hablarse del tema para honrar y proteger verdaderamente esta área. A Dios no le da miedo hablar de sexo. ¿Sabía usted que Dios nos ha dado más instrucciones sobre el sexo que acerca de cómo criar a los hijos? ¡La Biblia da más instrucciones y orientación sobre cómo hacer un bebé que sobre cómo cuidarlo! Dios nos ha dado el sexo como un regalo que debemos atesorar, apreciar y disfrutar.

Después de estar involucrado en un ministerio dedicado a las relaciones durante **cuarenta y cinco** años, muchas personas me han preguntado: «Gary, ¿por qué nunca has escrito un libro sobre sexo?» La respuesta es simple: «No lo sé». He hablado sobre sexo y sobre las diferencias entre los hombres y las mujeres en mis seminarios y conferencias, pero nunca he dedicado un libro completo a uno de los regalos más estupendos de Dios para el matrimonio: el sexo.

Dios nos ha dado el sexo como un regalo que debemos atesorar, apreciar y disfrutar.

Es por eso que el libro que tiene en sus manos es tan valioso. Está dise-ñado no solo para fortalecer su matrimonio y su relación con su cónyuge, sino también para equiparlo para tener el mejor sexo de su vida. Va a aprender lo que se necesita para elevar la temperatura de su relación y crear un buen ambiente para el sexo. Luego vamos a enseñarle cómo apreciar las diferencias entre usted y su cónyuge. Vamos a descubrir la esencia del sexo, a explorar la estimulación, la relación sexual, y a aprender cómo cultivar la creatividad en su matrimonio. Usted va a descubrir las dimensiones espirituales del sexo, algo en lo que quizás nunca haya pensado antes. Finalmente, le daremos las claves para resolver conflictos y cuidar su relación a fin de que pueda disfrutar del mejor sexo de su vida a partir de este día.

En el camino, descubrirá herramientas que le ayudarán a mejorar sus habilidades de comunicación y encontrará respuestas a algunas de las preguntas más difíciles sobre el sexo, el romance y la intimidad.

La mayoría de los problemas sexuales en el matrimonio están asociados con problemas relacionales. Este libro no está diseñado para resolver problemas médicos o psicológicos relacionados con el sexo. No somos médicos ni psicólogos. Queremos ayudarle con los aspectos relacionales del sexo.

No solo vamos a compartir información general que puede ser aplicable para el esposo y la esposa; también daremos métodos muy específicos que han sido demostrados para cada uno de los cónyuges.

La fórmula para un sexo estupendo

Puede que usted se esté preguntando: *¿Cómo pueden Gary y Ted prometer que voy a tener el mejor sexo de mi vida?* Porque Dios diseñó el sexo para ser mucho más que solo algo físico. En los siguientes capítulos vamos a hablar no solo de la estimulación, la relación sexual y la sensación posterior a la relación, sino también de lo que realmente se necesita para desarrollar una base y un ambiente en su matrimonio donde pueda tener lugar el mejor sexo, el tipo de sexo para el que usted y su cónyuge fueron creados.

Antes de seguir, queremos presentarle una ecuación simple pero poderosa:

Honra ➡ Seguridad ➡ Intimidad ➡ Sexo

¿Qué tiene que ver esta ecuación con tener el mejor sexo de su vida? En los siguientes capítulos descubrirá cómo la honra genera seguridad. La seguridad genera intimidad. Y la intimidad crea el ambiente para un sexo estupendo. La verdad es que no puede haber buen sexo sin honra y sin un espíritu abierto.

El camino al mejor sexo de su vida, el tipo de sexo que Dios diseñó para usted y su cónyuge, empieza en el camino a su corazón. Usted empieza a honrar a su amado cuando comienza a trabajar en su propio corazón. Es fácil caer en la trampa de pensar que su cónyuge es la fuente del conflicto en el matrimonio, pero la verdad es que nuestros propios corazones con frecuencia determinan el resultado de una relación. El mejor sexo de su vida empieza en su corazón, no en su cabeza ni entre sus piernas.

El plan para tener el mejor sexo de su vida

En este libro queremos darles un plan para tener la mejor y más segura relación posible. A medida que edifique la honra y la seguridad en su relación, su vida sexual será mejor de lo que puede imaginarse.

Para empezar, nunca intente mejorar su vida sexual en el matrimonio. En vez de eso, desarrolle la honra y la seguridad en su relación y descubrirá cómo una buena vida sexual es el resultado de una buena relación amorosa. Es como hacer dinero: Si usted simplemente se esfuerza cada día por aumentar sus ingresos, descubrirá que el dinero realmente puede ser muy escurridizo, como la olla llena de oro al final del arco iris. No persiga el oro; aprenda a servir a la gente en amor con un buen producto que en verdad necesite. Ofrézcale un estupendo servicio al cliente y observe cómo el dinero simplemente parece llegar todo el tiempo. Con el sexo sucede lo mismo. Genere más honra y seguridad, y la satisfacción sexual aumentará de forma natural.

El camino al mejor sexo de su vida,
el tipo de sexo que Dios diseñó
para usted y su cónyuge,
empieza en el camino a su corazón.

Yo (Gary) vi cómo mi propia relación sexual con Norma dio grandes saltos tan pronto como mejoré mi percepción de ella. La palabra «honra» significa tratar a alguien como a un tesoro o algo de gran valor.

Hace algunos años, regresaba de un congreso de dos semanas donde aprendí el valor de honrar a los demás. Me di cuenta de que yo había estado esperando que Norma me hiciera feliz en el área sexual. En este congreso, aprendí un principio que me cambió la vida: cuando damos nuestra vida por los demás, la recibimos de nuevo de Dios.

Fui a casa sin saber qué esperar. Todo lo que quería hacer era servir a mi esposa, porque Dios me estaba llenando de sí mismo. Después de tres semanas, Norma me preguntó por que yo no había buscado tener relaciones sexuales con ella. Me sorprendí... ¡ni siquiera había pensado en ello! Me estaba concentrando en servir a Dios y en darle la oportunidad de suplir todas mis necesidades, y él lo estaba haciendo fielmente.

Le expliqué a Norma que yo no quería poner ninguna expectativa en ella, sino solo servirle de la mejor manera. Luego ella dijo algo que nunca olvidaré: «A mí también me hace falta. Yo necesito que me abraces y también disfruto del sexo».

Nunca antes la había escuchado decir eso. Cuando uno se dedica a servir, valorar y honrar a su cónyuge, él o ella van a empezar a buscar formas de devolver ese amor. Mi esposa no se volvió a negar a tener relaciones nunca jamás.

En el próximo capítulo vamos a mostrarle el conocimiento y las habilidades que necesitará para desarrollar las mejores bases posibles para el sexo.

De GarySmalley.com

Todas las semanas recibimos correos electrónicos en nuestro sitio en la Internet GarySmalley.com. Las personas hacen preguntas sobre las luchas que tienen en sus matrimonios. Hacemos lo mejor que podemos para contestar esas preguntas con verdades bíblicas y enseñanzas prácticas. Esta pregunta típica de una mujer que no entiende cómo el sexo está relacionado con la intimidad sexual puede sonarle familiar.

P: He estado casada por treinta y cuatro años, y durante ese tiempo el sexo siempre ha sido un problema. Durante años me esforcé por satisfacer a mi esposo. Hacía lo que él quería, contanta frecuencia como lo deseara sin embargo, en algún punto simplemente me cansé. No sabía cómo expresar mis propias necesidades de una forma que él pudiera escucharlas, así que estas seguían sin ser suplidas. En este momento simplemente soportamos el sexo; no hay una intimidad verdadera entre nosotros. Se siente como algo forzado y actuado. Ya estoy cansada. ¿Cómo puedo empezar a resolver los problemas sexuales en mi matrimonio?

*R: Queremos felicitarla por querer resolver este problema en su matrimonio. La mayoría de los hombres se excitan sexualmente por lo que ven. La mayoría de las mujeres se excitan sexualmente por lo que sienten. La intimidad se trata de esforzarse por suplir las necesidades de su cónyuge. En realidad, creo que es posible encontrar una solución en la que ambos ganen. Usted y su esposo pueden darle seguridad a esta área de su matrimonio. Al parecer ambos desean ese sentido de seguridad.

Primero, recuerde que a la *única persona que puede cambiar es a usted misma*. No puede cambiar a su esposo. El problema no se va a resolver en la cama. Empiece con la determinación de que usted no va a cambiar el impulso sexual de su esposo ni las metas que él tiene con relación al sexo.

Segundo, *el problema rara vez es el problema*. Pregúntese si el sexo es el problema real. Quizás su esposo no se siente aceptado como amante. Quizás siente que no hace las cosas bien. El sexo siempre es un indicador que refleja la salud de su matrimonio en general. ¿Está él dispuesto a encontrar una solución donde los dos ganen? Si es así, empiecen a buscar una solución que a ambos les satisfaga. Puede tomarles un tiempo, pero vale la pena el esfuerzo. Quizás él quiera estudiar este libro con usted. Eso sería lo mejor para sacar a la luz temas que puedan discutir, porque sería un tercero el que sugeriría los temas.

El sexo nunca la va a satisfacer hasta que se sienta segura y su ira se haya sanado. Un sexo estupendo requiere de un espíritu abierto. Nuestros espíritus se cierran después de años de palabras duras, distancia emocional y frustración. A Norma Smalley le gusta utilizar el ejemplo del «conducto espiritual» como una imagen de un espíritu abierto o cerrado:

> ¡Dios hizo un trabajo estupendo al crearnos! Si mi conducto está lleno de rocas, no voy a disfrutar el sexo. Yo pienso que Dios lo hizo así para que no albergáramos ira en nuestros corazones. En el proceso de buscar el perdón, pienso que es importante que el hombre entienda la importancia de sacar cada roca, pero una a la vez. Muchos hombres quieren vaciar todo el conducto de una. Eso no funciona. Las rocas han sido depositadas durante años y toma tiempo sacarlas.

También ayuda que las parejas hagan un acuerdo para no decirse palabras venenosas. Este voto puede ser intercambiado en el altar. Norma y yo nos prometimos que nunca utilizaríamos la palabra «odio», o que nunca diríamos cosas como «Me voy a divorciar de ti» o «No te soporto». Algunas palabras están tan llenas de veneno que cuando uno pide perdón, es difícil sacarlas de la mente.

Si decir las cosas reiterativamente no funciona, pruebe algo nuevo. Intente la consejería. Pruebe decirle que lo ama profundamente y quiere pasar el resto de su vida con él, y que esta es un área en la que usted espera que trabajen juntos. Pregúntele si desea ayudar a encontrar una solución con la que ambos ganen.

La intimidad no empieza en la alcoba; la intimidad *culmina* en la alcoba. Los problemas sexuales indican que hay problemas mayores. Concéntrese en la responsabilidad personal, y de esta manera pavimentará el camino para la seguridad, una buena comunicación... ¡y probablemente el mejor sexo de su vida!

Resumen

Dios nos ha dado el sexo como un regalo
que debemos atesorar, apreciar y disfrutar.

La mayoría de los problemas sexuales en el matrimonio
pueden estar asociados a problemas relacionales.

Dios diseñó el sexo para que fuera mucho más
que una relación física.

El sexo estupendo que Dios diseñó para usted y su
cónyuge empieza en el camino hacia su corazón.

Preguntas para discutir en pareja

¿Cada cuánto tiempo hablabas con tus padres sobre sexo?

¿Qué imagen te pintaron tus padres sobre el sexo?

¿Hay preguntas sobre el sexo que crees que no
debemos discutir? Si es así, ¿cuáles?

En una escala de uno a diez, donde uno es frío y diez
es caliente, ¿cómo calificarías nuestro matrimonio?

¿Cuándo te sientes más amado(a) por mí?

CAPÍTULO 2

Cómo aumentar la temperatura

Demasiadas parejas se acercan al sexo con titubeos. Me acuerdo de una historia que solía contar en mis seminarios acerca de una mujer que fue a una conferencia sobre el matrimonio sola porque su esposo no quiso ir. Ella disfrutó la actividad y estaba muy emocionada con todo lo que aprendió. Cuando regresó a la casa, dijo:

—Amor, ¡cómo hubiera querido que hubieras ido! ¡Fue increíble! Hay tantas cosas que quiero compartir contigo.

—Qué bueno, pero tengo muchas cosas que hacer ahora. Hablemos de eso luego —respondió el esposo.

—Pero, ¿podríamos hablar solo de una de las cosas que aprendí? Es algo simple pero poderoso. Por favor —le rogó.

—Está bien; solo una cosa y que sea rápido —respondió él.

—El conferencista dijo que mientras los hijos crecen es importante que los esposos hagan cosas juntos regularmente. Si tenemos un pasatiempos o hacemos una actividad juntos ahora, no sentiremos el síndrome del nido vacío cuando nuestros hijos se vayan a la universidad.

—Uno no puede creer todo lo que oye en un seminario —respondió el esposo.

—Pero yo pienso que es verdad —replicó la esposa—. De hecho, me gustó tanto esto que ya sé lo que podemos hacer juntos.

El esposo se preparó para lo que ella iba a decir.

—¿Por qué no me enseñas a cazar para que podamos ir juntos?

No lo podía creer: ¡su esposa quería ir a cazar con él! Quizás esos seminarios para matrimonios no eran tan malos después de todo.

Cuando ella cumplió años, él le regaló un rifle. Ella estaba emocionada. El día de la inauguración de la temporada de venados se fueron a cazar. En algún momento en el bosque se separaron. Cuando el esposo escuchó tres disparos seguidos, salió corriendo en dirección a los disparos. Luego encontró a su esposa y a un extraño gritándose el uno al otro. Cuando se les acercó, escuchó que el extraño le decía a su esposa: «Está bien, puede quedarse con su venado... ¡pero primero déjeme quitarle la montura!»

* * *

Todos los que estamos casados o nos queremos casar algún día podemos identificarnos con esa mujer de muchas maneras: la mitad del tiempo no sabemos a qué le estamos apuntando en lo que se relaciona con el sexo. Sabemos que necesitamos conocimiento y habilidades, pero algunas veces las cosas no salen como esperamos. Y en ocasiones las lecciones más grandes las aprendemos con nuestros errores más grandes.

Todo tiene que ver de nuevo con esa ecuación que introdujimos en el primer capítulo:

HONRA ➡ Seguridad ➡ Intimidad ➡ Sexo

A mí (Gary) me tomó más tiempo del que yo pensaba descubrir la verdad de esta ecuación. Lo cierto es que esta ecuación es verdad en incontables matrimonios. Le he hecho las siguientes preguntas a más de diez mil parejas en todo el mundo:

- En su opinión, ¿qué cosas fortalecen una relación matrimonial?

- En su opinión, ¿qué cosas debilitan una relación matrimonial?

Después de entrevistar a muchas parejas me di cuenta de que el sexo de alguna manera estaba conectado con la calidad de la relación, pero me llevó muchos más años percatarme de que todo empieza con la honra. Con el pasar de los años he aprendido mucho sobre lo crucial que es la honra para tener un matrimonio sano. Mi mejor instructora en este asunto es justamente mi mejor amiga: mi esposa Norma.

La importancia de la honra

Cuando Norma y yo nos conocimos, nos hicimos novios y terminamos nuestra relación varias veces. Durante los primeros cuatro años, terminábamos y volvíamos todo el tiempo. Finalmente nos casamos. (Creo que es sorprendente que ella quisiera casarse conmigo.)

Poco después de la luna de miel, empecé a imitar el comportamiento de mi padre sin ni siquiera darme cuenta. Yo era el menor de seis hermanos, y de pequeño observé a mi padre explotar con ira contra mis hermanos y hermanas mayores. Mi madre y mi padre tuvieron muchas peleas fuertes durante mi juventud. Muy pronto aprendí que como hijo menor hay ciertas cosas que uno sencillamente no le debe decir al papá. Es mejor reprimirse.

Recuerdo en más de una ocasión ver a mi padre lanzando con fuerza la servilleta sobre la mesa y diciendo muy enojado: «Me voy. ¡En esta casa no me respetan!» Y mis hermanos y hermanas estaban de acuerdo: «Sí, mejor vete». Así que crecí sin saber lo que era una familia sana y mucho menos un matrimonio saludable. Nunca vi que mi papá abrazara a mi mamá. Nunca realmente supe lo que significaba amar a alguien. Mis hermanas mayores me cuentan que mi padre era un hombre bueno y bromista a veces, pero para cuando yo llegué a la escena, debía estar agotado con sus primeros cinco hijos.

Nunca me imaginé que las experiencias que había tenido de niño podrían afectar mi relación con Norma. No me di cuenta de que la forma en que nuestros padres modelan (o no modelan) una relación causa estragos en nuestras vidas en los años siguientes. Durante los primeros cinco años de casados, nuestro matrimonio se deterioró rápidamente, y yo no sabía qué hacer para mejorarlo. Hablaba con mi esposa sobre cosas específicas que pensaba que ella podía hacer para mejorar nuestra relación.

Un día llegué a casa del trabajo y Norma no me hablaba. Ese día, ni siquiera me dijo «hola» cuando entré. Supe que las cosas no estaban nada bien.

—¿Qué te pasa? —le pregunté tímidamente.

—¡Nada! —dijo ella confirmeza.

En ese momento, yo no entendía que la comunicación, en especial entre esposa y esposo, es más que todo no verbal. De manera que «nada» realmente significaba «algo».

—¿Podemos hablar? —presioné.

Ella movió negativamente la cabeza. Unas horas después me dijo la terrible verdad: la razón por la que no le gustaba hablarme sobre las frustraciones y heridas en nuestro matrimonio era porque me rehusaba a cambiar. Yo nunca hacía los ajustes necesarios. Hablar sobre nuestros problemas se había vuelto muy doloroso con los años. Ese fatídico día me detuve y le pregunté qué era lo que estaba mal con nuestro matrimonio. Ya se me habían agotado las ideas y finalmente estaba listo para escuchar las de ella. Todavía recuerdo las palabras de Norma:

—Te lo he dicho cientos de veces y tú no lo entiendes.

—Por favor, dímelo una vez más. Norma, por favor —le rogué.

Ella empezó a hablar. Por primera vez que yo recuerde, escuché cada palabra que dijo, cada una de sus ideas. Y ella dijo algo que cambió nuestro matrimonio por siempre:

—Yo siento como si todas las cosas de este mundo fueran más importantes para ti que yo.

—¡Un momento! ¿Qué quieres decir con que todo es más importante que tú? —pregunté sin saber a dónde quería llegar ella.

—Solo mira, todo es más importante que yo —respondió—. Tu trabajo es más importante. Cazar y pescar es más importante para ti que yo. Todo es más importante.

—¿Quieres decir la televisión y cosas por el estilo? —pregunté.

—Sí… la televisión y cosas por el estilo.

> *La forma en que vivía mi vida transmitía que prácticamente todo era más importante que la persona que amaba.*

La miré sin emitir palabra. Me veía como uno de esos personajes de dibujos animados al que le acaban de pegar en la cabeza con una sartén. Por supuesto, yo no pensaba que la televisión fuera más importante que mi esposa. Jamás hubiera dicho eso en un millón de años. Pero mis acciones y mis actitudes decían otra cosa. La forma en que vivía mi vida transmitía que prácticamente todo era más importante que la persona que amaba.

Ese día tomé la decisión que cambió nuestro matrimonio para siempre. Dije: «No sé cómo lo voy a lograr, pero quiero que sepas que por el resto de mi vida voy a hacer todo lo que pueda para transmitirte que tú eres la persona número uno en mi vida. De todas las personas de esta tierra, no hay nadie más importante para mí que tú. No hay trucha, no hay programa de televisión, nada en este mundo es más importante para mí que tú».

De inmediato empecé a aprender a honrar a mi esposa y hacerla una prioridad. Lo que descubrí es que básicamente lo que mi esposa y todo cónyuge necesita se puede resumir en una palabra: *honra*. La palabra «honra» significa darle un valor muy alto a alguien o algo. Cuando honramos a alguien o algo, con frecuencia brota un sentimiento dentro de nosotros que afecta nuestras acciones y actitudes. Por ejemplo, si su actor preferido llegara a su casa a comer, probablemente usted se sentiría un poco atemorizado. Tal vez usted pensaría: *Estoy en presencia de alguien realmente maravilloso.*

Sin embargo, la palabra «honra» no solo no existe en nuestros matrimonios; no existe en nuestro comportamiento e interacciones. Hay mucha deshonra en nuestro mundo. En vez de apreciar la vida y las personas, cada vez las criticamos más y las dejamos más a un lado. La deshonra y el irrespeto se han vuelto populares. Cuando no honramos la vida, incluyendo la nuestra, nuestras actitudes empiezan a verse afectadas.

> Los dos principios más importantes para mantener a una pareja enamorada y en una relación satisfactoria para los dos son:
>
> (1) Honrar al cónyuge.
>
> (2) Mantener la relación segura.

¿Alguna vez se ha sentido tentado a decirse a sí mismo cosas como: *Soy un idiota, Nunca voy a lograr nada,* o *Nadie me quiere?* Esas afirmaciones son un reflejo de la falta de honra que nos damos a nosotros mismos. Cada comentario carcome nuestras emociones, nuestra estima y a la larga nuestro valor propio. Ese tipo de comentarios no solo nos deshonran; también deshonran al Dios que nos creó. Antes de que nos percatemos, estamos deshonrando a aquellos que nos rodean. Los comentarios que nos hacemos a nosotros mismos se convierten en los comentarios que les hacemos a otras personas, y antes de que nos percatemos, podemos provocar a otras personas a tratarnos de la manera en que pensamos de nosotros mismos.

Los comentarios que nos hacemos a nosotros mismos se convierten en los comentarios que les hacemos a otras personas.

¡La buena noticia es que lo opuesto también es verdad! Cuando nos damos cuenta de lo valiosos que somos como personas, nuestros sentimientos hacia nosotros mismos cambian. Empezamos a cambiar la forma en que reaccionamos y respondemos a las demás personas, y antes de que nos demos cuenta, las personas cambian la forma en que nos tratan.

Honre su matrimonio

Honrar a su cónyuge significa honrar su matrimonio y el compromiso que hizo el día de la boda. ¿Sabía usted que el matrimonio no es una institución diseñada por los hombres? El matrimonio tiene su origen en Dios. Así como Dios creó el sexo, que es algo de lo que hablaremos con mayor detalle en el capítulo siete, él creó el matrimonio como un regalo para nosotros.

En el comienzo, Dios creó a los hombres a su imagen y semejanza: «Hagamos al ser humano a nuestra imagen y semejanza» (Génesis 1:26). Esto no se refiere a una semejanza física con Dios, sino más que todo a los atributos emocionales y relacionales de Dios.

Génesis 2:18 empieza: «Dios el Señor dijo: "No es bueno que el hombre esté solo"». En otras palabras, el hombre está mejor cuando alguien lo acompaña. De manera que Dios añadió: «Voy a hacerle una ayuda adecuada». La palabra «ayuda» implica que el hombre necesita que alguien esté a su lado y supla lo que le falta. El término hebreo para «ayuda» en Génesis 2:18 es *ezer*, que significa «alguien que ayuda». Se refiere a alguien que está al lado de uno para ofrecer ayuda. De hecho, es la misma palabra que se utiliza en los Salmos 33, 70 y 115 para referirse a Dios. Él es nuestra ayuda en momentos de angustia, nuestra ayuda en momentos de dificultad:

> Esperamos confiados en el Señor; él es nuestro *socorro* y nuestro escudo (Salmo 33:20, énfasis nuestro).

> Apresúrate, oh Dios, a rescatarme; ¡apresúrate, Señor, a *socorrerme*! (Salmo 70:1, énfasis nuestro).

> Pueblo de Israel, confía en el Señor; él es tu *ayuda* y tu escudo (Salmo 115:9, énfasis nuestro).

Dios le dio un cónyuge para que estuviera a su lado y le brindara su ayuda. No le dio un cónyuge como reemplazo de él mismo. Dios suple sus necesidades, y usted es cien por ciento responsable de su caminar espiritual. El sexo tiene una dimensión espiritual que exploraremos en el capítulo diez, pero es importante que se dé cuenta ahora mismo de que su cónyuge no es responsable de su caminar espiritual. Mujeres, ustedes no son responsables del caminar espiritual de sus esposos. Lo mismo se aplica a ustedes, hombres. No obstante, somos una *ayuda*. Podemos ofrecer amor, honra, motivación y apoyo. Usted es el gerente de su vida, no su cónyuge. Usted es responsable ante Dios por la forma en que vive su vida.

Después que Dios decidió que no era bueno que el hombre estuviera solo, Génesis dice que hizo que el hombre cayera en un sueño profundo. Cuando el hombre estaba durmiendo, Dios tomó una de sus costillas y le cerró la herida. Luego Dios hizo a la mujer de la costilla que había sacado del hombre. Génesis 2:23 dice: «Esta sí es hueso de mis huesos y carne de mi carne. Se llamará "mujer" porque del hombre fue sacada». Ahora Adán tenía una compañera espiritual, emocional y física.

---

*El plan de Dios para su matrimonio
es que ustedes pasen toda la vida
aprendiendo y creciendo juntos.*

Allí nació el primer matrimonio. Como ve, el plan de Dios para su matrimonio es que ustedes pasen toda la vida aprendiendo y creciendo juntos. Quizá esa es una de las razones por las que la Biblia dice en el libro de Malaquías que Dios aborrece el divorcio (ver Malaquías 2:16). No es a la persona divorciada a la que Dios aborrece, sino la ruptura de los lazos que se dan naturalmente en el matrimonio. Aunque las personas que han pasado por un divorcio pueden experimentar la gracia, la libertad, el perdón y la restauración del Señor, el divorcio está en contra del mejor plan de Dios para su vida.

Puede que usted se vea tentado a considerar el divorcio como una opción. Usted o alguien que conoce puede estar listo para no luchar más por su matrimonio. No obstante, Dios puede hacer milagros en todas las relaciones. No tiene que darse por vencido. ¡Puede empezar a luchar por su matrimonio hoy!

Yo (Ted) tomé está decisión cuando llevaba algunos años de casado. Amy y yo estábamos de vacaciones en Jekyll Island cerca de Georgia. Recuerdo que la miré e hice el siguiente compromiso: «Amy, seré honesto contigo. Durante los primeros siete años de nuestro ministerio y nuestro matrimonio quería ser famoso. Deseaba que se me conociera como un gran líder, un gran orador y un gran maestro. Mis prioridades han cambiado. Cuando muera, quiero que se me conozca por dos cosas: porque fui un gran esposo y porque fui un gran padre. Así que no importa qué tan bien o tan mal estén las cosas, quiero que sepas que no te librarás de mí nunca».

Amy no dijo una palabra. No tuvo que hacerlo: la alegría en su rostro era inolvidable.

Cuando les recordamos a nuestros cónyuges verbalmente que estamos comprometidos con ellos sin importar lo que suceda, no solo honramos nuestros matrimonios, también honramos a nuestros cónyuges. Y cuando una relación se ve segura en medio de ese amor, lo único que puede hacer es florecer y crecer.

Honre a su amado todos los días

Nuestras actitudes y emociones nacen de la palabra «honra». ¿Cuándo fue la última vez que usted miró a su amado y le dijo: «¡Increíble! Es increíble. ¡No puedo creer que realmente esté sentado a tu lado!»? ¿Cómo lo hizo sentir esto? ¿Cómo cree que la otra persona se sintió? Si usted nunca le ha dicho algo así a su cónyuge, inténtelo. Puede que se sienta un poco incómodo al principio, es normal. Pero cuando hace comentarios como este (¡y le motivamos a que los haga!), lo que en verdad está diciendo es que usted no puede creer que esté en la presencia de alguien tan valioso; así honra a esa persona. Le dice: «¡Eres valioso para mí! ¡Eres importante! ¡Eres un tesoro! ¡Me importas!» Lo mejor es que usted puede hacer esto todo el tiempo. Yo (Gary) le decía esto regularmente no solo a mi esposa, sino también a mis hijos. Cuando mi hijo estaba viendo televisión, entraba a la habitación y decía: «¡Increíble!»

Algunas veces hasta me arrodillaba y exclamaba: «¡No puedo creer que esté en la misma casa contigo!»

Por lo general, él decía: «Papááááá», esbozando una sonrisa y retorciendo los ojos de una manera amorosa. Pero yo lo hacía de todas formas, porque quiero que mi esposa y mis hijos sepan lo valiosos que son para mí.

Honre a su amado con las Escrituras

Honrar al amor de su vida es simplemente reconocer el increíble valor que tiene. Una de las formas en que he aprendido a honrar a mi esposa es utilizando las Escrituras. Busco algunos pasajes e incluyo el nombre de mi esposa en la Biblia:

> [nombre del cónyuge] no fue un error, porque todos sus días están escritos en tu libro (ver Salmo 139:15-16).

> ¡Cuán preciosos son tus pensamientos sobre [nombre del cónyuge], oh Dios! ¡No pueden contarse! Yo no puedo contarlos; ¡son más que la arena del mar! (ver Salmo 139:17-18).

> Tú eres el Padre de [nombre del cónyuge] y le amas así como amas a tu Hijo Jesucristo (ver Juan 17:23).

> Tú escogiste a [nombre del cónyuge] cuando planeaste la creación (ver Efesios 1:11-12).

> Tu deseo es derramar todo tu amor en [nombre del cónyuge] (ver 1 Juan 3:1).

Busque versículos bíblicos que pueda utilizar para recordarse a sí mismo cómo Dios ve al amor de su vida, y para honrar a su cónyuge y orar por él.

Honre a su amado con la parcialidad en la confirmación

Otra manera de honrar a su amado es con el novedoso concepto llamado *parcialidad en la confirmación.* Este es el secreto: Cuando usted toma una decisión sobre alguien, sus sentimientos siguen a esa decisión. Las personas tienden a ver solamente lo que creen, así que si usted cree que su cónyuge es despreciable, incompetente, o que siempre llega tarde, solo va a ver y reconocer los comportamientos que sustentan esas creencias.

Hace poco, vi (Ted) la película *El centinela,* que trata de la investigación del asesinato de un agente del Servicio Secreto. El investigador principal del Servicio Secreto era David Breckinridge (interpretado por Keifer Sutherland del programa *24*), quien queda sorprendido cuando descubre que la policía de la ciudad resuelve el caso en apenas treinta minutos. «¿Saben qué es lo que no me gusta de suposiciones como esa?», dice Breckinridge. «Que uno tiende a buscar solamente la evidencia que respalda lo que uno cree y por lo tanto no ve la evidencia nueva o reciente. Ni siquiera la busca».

A menudo, eso es lo que nos sentimos tentados a hacer en nuestro matrimonio. Tomamos decisiones inconscientes o incluso conscientes sobre los comportamientos de nuestro compañero, sus actitudes o incluso su valor, y luego buscamos solo la evidencia que respalda nuestra conclusión.

---

*Cuando usted toma una decisión sobre
alguien, sus sentimientos siguen a esa decisión.*

Así que si usted cree que su cónyuge es perezoso, va a ver solo los comportamientos que respaldan esa creencia. Puede que sea demasiado crítico cuando su cónyuge esté disfrutando de una hora de televisión, pero que pase por alto las veces que su cónyuge baña a los niños, lava el auto, poda el césped o hace la cena. Usted no verá esas cosas, y por eso la Escritura dice: «Consideren bien todo lo verdadero, todo lo respetable, todo lo justo, todo lo puro, todo lo amable, todo lo digno de admiración, en fin, todo lo que sea excelente o merezca elogio» (Filipenses 4:8). Concéntrese en esas cosas. De hecho, lo motivamos a que en este momento tome lápiz y papel y haga una lista de las formas en que su cónyuge ejemplifica cada una de esas cualidades que acabamos de mencionar.

Comprométase en oración a centrarse en esos atributos de su cónyuge durante los siguientes siete días. ¡Se sorprenderá al ver cómo su actitud y su relación cambian! Ese es el secreto de la parcialidad en la confirmación, y vale la pena repetirlo: Cuando usted toma una decisión sobre alguien, sus sentimientos siguen a esa decisión. ¡Así que siga adelante y tome las mejores decisiones posibles sobre su cónyuge!

El final feliz de Ellen

¿Recuerda la historia de Ellen que contamos en el capítulo uno? Bueno, nos alegra informar que la historia de Ellen tiene un final feliz, muy feliz. Y la honra es la base de ese final.

Ellen asistía a una iglesia mediana, no tan pequeña como para que todo el mundo supiera los asuntos de cada persona, pero no tan grande como para que Ellen pudiera esconderse en la multitud. Era solo lo suficiente grande como para que ella conociera bastantes nombres, pero no compartía su vida con ninguna de estas personas. Y por eso fue difícil para Ellen acercarse al pastor con su frustración sobre el sexo: ella solo lo conocía superficialmente y no tenía ni idea de cómo iba a reaccionar.

El pastor de Ellen entendió sus preguntas y frustraciones. Incluso llamó a su esposo en privado y le mostró algunos dibujos. Le explicó de maneras muy prácticas cómo podía darle placer a su esposa.

Aunque el esposo de Ellen estaba conmocionado y completamente avergonzado por la discusión y la lección, decidió darse una oportunidad. La honró de una gran manera. Primero, la honró al escuchar sus sentimientos y comprender sus inquietudes. Luego, esa misma semana, la honró al bendecirla con su primer orgasmo de su vida de casados.

A la siguiente semana, el esposo de Ellen le agradeció al pastor efusivamente. La honra fue la base de todo para Ellen: un pastor que la escuchó, y un esposo que la amó. Resolvieron sus problemas y se relacionaron como nunca antes. ¡Y usted y su cónyuge también pueden hacerlo! No importa el problema sexual con el que esté luchando, este libro le va a ayudar más de lo que se puede imaginar. En el siguiente capítulo, usted va a descubrir cómo crear el ambiente adecuado para tener el mejor sexo de su vida.

De GarySmalley.com

P: *Me casé con mi príncipe azul, pero temo que la parte de «vivieron felices para siempre» no va a suceder. ¿Fue realmente amor o me dejé envolver en la fantasía y el glamour de todo esto?*

R: La Bella Durmiente, Cenicienta y Blanca Nieves pasaron por épocas difíciles antes de conseguir el «vivieron felices para siempre». Y, ¿adivina qué? Su matrimonio también tendrá que pasar por esas épocas.

La mayoría de nosotros llegamos a la edad adulta con una visión distorsionada de lo que es una relación de amor sana. Con frecuencia obtenemos nuestros modelos de amor de las canciones, los libros, los amigos, las películas y la televisión, que representan al amor como algo que florece rápidamente, abrumador, intenso, romántico y correspondido. Pero esos modelos muestran solo una etapa del amor: la primera etapa, que es muy influenciada por el encaprichamiento que causa la química. Los buenos matrimonios tienen muchos elementos más aparte de la química, aunque los amantes de nuestros libros y películas nunca llegan tan lejos en la historia para poder ver esos elementos. No sabemos si los amantes permanecieron juntos el tiempo suficiente para determinar si se comprometieron a largo plazo. Lo único que vemos es una hora y media de dos personas que soportan los malentendidos y la frustración, y luego disfrutan románticamente del atardecer. No obstante, nunca vemos lo que sucede después.

Estas imágenes del amor nos dejan varios conceptos erróneos graves, como los siguientes:

- La pasión es igual al amor.
- Mi amado debe suplir todas mis necesidades.
- Una vez que el amor muere, no hay manera de hacerlo revivir.
- La química es todo lo que importa.
- El amor lo vence todo.
- Cuando las cosas se ponen difíciles, significa que uno tiene el compañero errado.
- Mi amado tiene que hacerme feliz.
- Una vez enamorado, uno sigue enamorado por siempre.
- El amor es un sentimiento, y uno simplemente lo experimenta o no.

Todas estas son mentiras o, por lo menos, burdos malentendidos de la verdadera naturaleza del amor. La química se acaba. Con el tiempo, uno sale de la etapa del encaprichamiento. Sin embargo, eso no significa que el amor se muera. Para nada. De hecho, puede que apenas esté empezando.

Ahora comienza el trabajo. Todas las habilidades de comportamiento del mundo no le volverán a dar vida a un matrimonio con problemas si cada uno no confía en el otro, si no se sienten seguros, incondicionalmente amados, valorados y entendidos. ¿Está usted creando un matrimonio seguro?

Todos los matrimonios pasan por momentos buenos y malos. Usted no está viviendo nada que todos nosotros no hayamos sentido algunas veces también. La clave es escuchar a sus sentimientos, pero no descansar en ellos para tomar decisiones. El amor no se sostiene solo de sentimientos. En la decisión de honrar y amar es donde debe reposar el matrimonio.

En vez de esperar que aparezca un final de cuento de hadas, empiece a crear su propio «y vivieron felices para siempre». Los finales felices no llegan solos. Hay que trabajar mucho para lograrlos. Y ese trabajo hay que hacerlo durante muchos años.

Apenas ha corrido los primeros cien metros de una maratón. ¡No se detenga!

Resumen

Los dos principios más importantes que mantienen a una pareja en una relación mutuamente satisfactoria son: (1) honrar al cónyuge y (2) mantener la relación segura.

Honrar es estimar a su cónyuge como una persona muy valiosa.

Honrar a su cónyuge significa honrar su matrimonio y el compromiso que hizo el día de la boda.

Los comentarios que nos hacemos a nosotros mismos se convierten en los comentarios que les hacemos a otras personas.

Cuando nos damos cuenta de lo valiosos que somos como personas, nuestros sentimientos hacia nosotros mismos cambian.

Nuestras actitudes y emociones nacen de la honra.

Cuando tomamos una decisión sobre alguien, nuestros sentimientos siguen a esa decisión.

Preguntas para discutir en pareja

En tu opinión, ¿qué cosas fortalecen una relación matrimonial?

En tu opinión, ¿qué cosas debilitan una relación matrimonial?

¿Alguna vez te has sentido tentado a decirte cosas a ti mismo como: *Soy un idiota* o *Nunca voy a lograr nada* o *Nadie me quiere*?

CAPÍTULO 3

Cómo crear el ambiente

Una noche, Amy y yo (Ted) estábamos en la cama leyendo juntos. Ella estaba leyendo un libro de Shaunti Feldhahn llamado *Solo para mujeres*. En ese libro se habla sobre las tendencias del cerebro masculino. Mientras leía, me miró por encima del libro y me lanzó una pregunta difícil:

—¿Tienes tentaciones sexuales con otras mujeres?

—Sí —respondí sin sobresaltos.

—Eso me da mucha rabia —dijo.

—¿Con quién? ¿Conmigo o con Dios? —pregunté.

—¿Qué tiene que ver Dios en todo esto? —replicó.

—Por alguna razón, Dios diseñó el cerebro masculino para que se excitara visualmente —respondí.

Entonces hubo silencio. Los siguientes minutos fueron un poco incómodos, pero esa pregunta abrió la puerta para que habláramos, compartiéramos experiencias y oráramos. Luego Amy dijo algo que nunca olvidaré: «Quiero que sepas que voy a hacer todo lo que esté de mi parte para ayudarte a que no tengas más problemas con eso».

Mi respuesta fue simplemente: «Buenísimo». Y pensé: *Hoy me gusta todavía más este libro. ¡Sigue leyendo!*

Sin embargo, en el fondo, la conversación no fue en verdad sobre sexo; ni siquiera sobre tentaciones. En realidad hablamos de asuntos más profundos del corazón: los deseos. Muchas personas piensan que el sexo es una necesidad, pero la verdad es que el sexo es un deseo. El aire, la comida y el agua son necesidades; pero uno puede no tener relaciones sexuales y seguir viviendo.

Decidí devolverle la pregunta a Amy y preguntarle sobre sus deseos. Me dijo que le encantaría que yo llegara todos los días a casa a más tardar a las cuatro de la tarde para que ella pudiera salir a trotar mientras yo cuidaba los niños. Como sé que es un deseo personal de ella, intento convertirlo en mi meta todos los días. Hay algunas veces en que no logro cumplir con esto, pero ella sabe que hago mi mayor esfuerzo por llegar a casa a la hora que me necesita.

---

*Muchas personas piensan que el sexo es una
necesidad, pero la verdad es que el sexo es un deseo.*

Esa noche descubrí algo que cambió nuestra relación para siempre: ambos queremos sentirnos seguros en nuestro matrimonio. Y una de las mejores maneras de crear esa seguridad es dedicando toda nuestra energía a honrar a nuestro cónyuge y buscar oportunidades para suplir y cumplir sus deseos. Cuando usted crea seguridad en su relación, la temperatura de su vida amorosa sube.

Honra ➡ **SEGURIDAD** ➡ Intimidad ➡ Sexo

En este capítulo vamos a examinar cómo puede crear seguridad en su matrimonio. Vamos a explorar cómo puede construir una base para la seguridad de su relación y cultivar esa seguridad durante los años venideros.

Descubra los mayores deseos de su cónyuge

Jesús dijo: «El más importante entre ustedes será siervo de los demás» (Mateo 23:11). Eso significa que si usted ama verdaderamente a su cónyuge, hará lo posible por descubrir y suplir no solo sus necesidades básicas, sino también sus deseos. Yo creo que esto es muy importante, y por eso durante los últimos años he reemplazado la palabra «romance» por la palabra «seguridad» en mis conversaciones. Algunas veces una pareja llega a mi oficina y dice: «Tenemos un problema sexual».

Mi respuesta es: «Ustedes no tienen un problema sexual; tienen un problema de intimidad. Y tienen un problema de intimidad porque tienen un problema de seguridad. Y tienen un problema de seguridad porque tienen un problema de honra».

El sexo es solo el barómetro del matrimonio. La honra lleva a la seguridad, la seguridad lleva a la intimidad y la intimidad lleva al sexo. Seguridad significa honrar su relación y estimar a su pareja como una persona demasiado valiosa. Seguridad significa ver a su pareja con el sello personal de Dios. Cuando usted aumenta la seguridad dentro de su matrimonio, la intimidad surge naturalmente.

Cuando yo tenía veintidós años, me casé con una hermosa, inteligente y joven mujer llamada Amy Freitag. Hace poco celebramos nuestro aniversario número once. Puedo decir honestamente que hoy nuestro amor es más fuerte, nuestra intimidad es más profunda y nuestra vida sexual es mucho mejor que antes. Por cierto, Amy se burla de mí y me dice que mi nivel de testosterona ha aumentado en los últimos tres años. ¿Quiere saber nuestro secreto? Realmente no es nada nuevo. En verdad, se encuentra escondido en uno de los libros más antiguos de la Biblia: Cantares.

Cantares es uno de los libros más eróticos de la Biblia. Miremos los primeros versículos:

Ah, si me besaras con los besos de tu boca … ¡Grato en verdad es tu amor más que el vino! Grata es también, de tus perfumes, la fragancia; tú mismo eres bálsamo fragante. ¡Con razón te aman las doncellas! ¡Hazme del todo tuya! ¡Date prisa! ¡Llévame, oh rey, a tu alcoba! (Cantares 1:1-4).

¡Usted ya sabe lo que sucede después! Una traducción moderna de lo que la esposa de Salomón dice en los tres primeros versículos podría ser: «Bésame locamente. Tu nombre es como un pan caliente recién salido del horno». En otras palabras: «Solo mencionar tu nombre me trae sentimientos deliciosos. Tu carácter me es fascinante».

Luego la mujer dice: «¡Con razón te aman las doncellas!» En otras palabras: «Yo sé que otras mujeres te desean. La simple mención de tu nombre no solo me atrae a mí; otras también se sienten atraídas por ti, pero yo me siento honrada y bendecida por ser la que te tiene». Después lo apura: «¡Hazme del todo tuya! ¡Date prisa!» ¡Este es el sueño de todo hombre! Ella dice: «Te deseo. Te deseo solo a ti. Quiero estar a solas contigo». Observe que todavía no está hablando de las características físicas; ella empieza por concentrarse en lo que no se puede ver.

Los cinco niveles de la intimidad sexual

NIVEL 1

IDENTIFICACIÓN: Ojo a cuerpo, ojo a ojo.

EXPLICACIÓN: Atracción y deseo.

ESCRITURA: «Morena soy, pero hermosa, hijas de Jerusalén; morena como las carpas de Cedar, hermosa como los pabellones de Salmá. No se fijen en mi tez morena, ni en que el sol me bronceó la piel. Mis hermanos se enfadaron contra mí y me obligaron a cuidar las viñas; ¡y mi propia viña descuidé!» (Cantares 1:5-6).

«Tú y tus adornos, amada mía, me recuerdan a las yeguas enjaezadas de los carros del faraón» (Cantares 1:9).

NIVEL 2

IDENTIFICACIÓN: Mano a mano, mano a hombro, mano a cintura, mano a rostro, mano a cabeza.

EXPLICACIÓN: Espera.

ESCRITURA: «Mi amado es para mí como el saquito de mirra que duerme entre mis pechos» (Cantares 1:13).

«¡Ojalá pudiera mi cabeza reposar sobre su izquierda! ¡Ojalá su derecha me abrazara!» (Cantares 2:6).

«Paloma mía, que te escondes en las grietas de las rocas, en las hendiduras de las montañas, muéstrame tu rostro, déjame oír tu voz; pues tu voz es placentera y hermoso tu semblante» (Cantares 2:14).

NIVEL 3

IDENTIFICACIÓN: Boca a rostro, boca a boca, boca a cuerpo.

EXPLICACIÓN: Toque íntimo.

ESCRITURA: «Antes de que el día despunte y se desvanezcan las sombras, regresa a mí, amado mío. Corre como un venado, como un cervatillo por colinas escarpadas» (Cantares 2:17).

«Tus labios, novia mía, destilan miel; leche y miel escondes bajo la lengua. Cual fragancia del Líbano es la fragancia de tus vestidos» (Cantares 4:11).

NIVEL 4

IDENTIFICACIÓN: Cuerpo a cuerpo.

EXPLICACIÓN: Relación sexual.

ESCRITURA: «¡Viento del norte, despierta! ¡Viento del sur, ven acá! Soplen en mi jardín; ¡esparzan su fragancia! Que venga mi amado a su jardín y pruebe sus frutos exquisitos» (Cantares 4:16).

«He entrado ya en mi jardín, hermana y novia mía, y en él recojo mirra y bálsamo; allí me sacio del panal y de su miel. Allí me embriago de vino y leche; ¡todo esto me pertenece! *¡Coman y beban, amigos, y embriáguense de amor!*» (Cantares 5:1, énfasis nuestro, porque la última parte del verso es cuando Dios le habla directamente a la pareja.)

NIVEL 5 *

IDENTIFICACIÓN: El clímax real.

EXPLICACIÓN: Compromiso y profundidad.

ESCRITURA: «Grábame como un sello sobre tu corazón; llévame con una marca sobre tu brazo. Fuerte es el amor, como la muerte, y tenaz la pasión, como el sepulcro. Como llama divina es el fuego ardiente del amor. Ni las muchas aguas pueden apagarlo, ni los ríos pueden extinguirlo. Si alguien ofreciera todas sus riquezas a cambio del amor, sólo conseguiría el desprecio» (Cantares 8:6-7).

¿Qué le parece esto para tener una vida sexual insaciable? El mejor sexo de su vida se encuentra en el camino de la fidelidad y el compromiso.

*Nota: La mayoría de las parejas nunca llegan al nivel cinco de esta tabla. Eso sucede porque para tener una vida sexual estupenda se necesita tener resueltos los conflictos. Un espíritu abierto es el ingrediente clave. Cuando las parejas se detienen en el nivel cuatro, no llegan ni a la mitad de lo que Dios tenía en mente cuando diseñó el sexo. La mejor vida sexual es un reflejo del compromiso y la profundidad.

El lenguaje del sexo

Ahora deténgase y piense por un momento: cuando su pareja menciona su nombre, ¿qué es lo primero que le viene a la mente sobre usted?

Cantares rebosa con este tipo de lenguaje, lo que genera la pregunta: *¿Qué tipo de hombre era Salomón que las mujeres lo deseaban tanto? ¿La respuesta? Él era un hombre que sabía cómo honrar y crear seguridad en las mujeres.*

Cómo crear la base de la seguridad antes de casarse

Entonces, ¿cómo crear una base sana para tener un buen matrimonio y una vida sexual estupenda? Hay tres maneras de crear un cimiento sano para la seguridad en el matrimonio. A continuación encontrará tres pasos fundamentalmente importantes que debe dar *antes* de casarse.

1. Asegúrese de que su carácter vaya siempre primero que su deseo

Aunque es bueno preguntarle a una persona si es cristiana antes de comenzar un noviazgo, lo mejor es preguntarle: «¿Eres seguidor de Jesús?» Puede que las dos preguntas parezcan iguales, pero hay una gran diferencia entre ellas. La persona que dice: «Soy cristiana», puede decirlo porque fue confirmada a los doce años de edad o creció en un hogar cristiano. Pero una persona que dice: «Soy seguidor de Jesús», implícitamente afirma que lee la Biblia, ora con regularidad y tiene una relación con Dios que crece día a día. Si una persona solo dice que es cristiana, se pueden hacer muchas suposiciones que pueden o no ser verdad.

Antes de iniciar un noviazgo, averigüe cómo es el carácter de la persona. Recuerde que el carácter se manifiesta en el autocontrol. ¿Cómo responde esa persona a la frustración? ¿A la decepción? ¿La persona lo trata con respeto, verbal, espiritual y físicamente hablando? ¿Conoce sus propios límites?

2. Evite los atajos

Salomón advierte: «No desvelen ni molesten a mi amada hasta que ella quiera despertar» (Cantares 3:5), y yo creo que esta fue una de las cosas más sabias que dijo.

Yo (Ted) frecuentemente les pregunto a los jóvenes: «¿Quieres que las mujeres piensen que eres todo un hombre?» Los muchachos a menudo responden animadamente. Luego, los motivo a que practiquen la abstinencia. Les recuerdo que un día pueden llegar a estar con una joven que fue abusada por su padre u otro familiar. El único tipo de amor que ella conoce es el físico. Así que les digo: «Tú serás el primer hombre en su vida que se pare y diga: "No, no lo vamos a hacer. No te voy a mostrar mi amor físicamente sin haber cultivado la seguridad del matrimonio. Vamos a hacer esto de la manera correcta"». Eso es un verdadero hombre.

3. No apresure el matrimonio

Yo nunca motivo a nadie a que se apresure a casarse solo para tener relaciones sexuales. Esa es una de las peores cosas que puede hacer. Si usted no cultiva las cinco áreas que conforman una relación sana —carácter, curiosidad y fascinación, conexión, buena solución de conflictos y compromiso— solo va a estar corriendo hacia una relación nociva. Hemos visto ese tipo de problemas demasiadas veces en nuestra oficina de consejería, y no funciona. Los hombres tienen que mostrar abstinencia y autocontrol, y si su novio no puede hacer eso, es hora de buscar a alguien más que tenga carácter. El matrimonio es una solución válida para el deseo de tener relaciones sexuales (ver 1 Corintios 7). Sin embargo, Pablo no le induce a que se apresure.

Si usted es un hombre que tiene luchas con la lujuria y la tentación, el capítulo doce lo puede ayudar a ganar la batalla contra la lujuria de una vez por todas. Si quiere profundizar en este tema, yo (Gary) lo motivo a leer una copia de *Cambia tu corazón, cambia tu vida: Cómo cambiando nuestras creencias obtendremos la vida que hemos soñado*. En el capítulo cinco, comparto mi historia personal de cómo encontré el poder y la libertad en esta área de mi vida.

Cómo cultivar la seguridad dentro del matrimonio

Una vez que se ha edificado la seguridad en el matrimonio, puede seguir cultivándola durante los años siguientes. No obstante, incluso si apenas está empezando hoy, hay muchas maneras de cultivar la seguridad en una relación.

1. Guarde el corazón de su cónyuge

Mi mayor deseo al amar a mi esposa y dar mi vida por ella es que su corazón permanezca abierto a mí. En Cantares 2:15, la novia de Salomón dice: «Atrapen a las zorras». Aunque este versículo puede ser interpretado de muchas formas, yo creo que se refiere a las «zorras» del conflicto que aparecen en nuestra vida. En esencia, lo que ella dice es: «Cuando haya un conflicto, resolvámoslo inmediatamente». Al atrapar a las «zorras» se crea la seguridad, y la intimidad crece naturalmente.

2. Establezca límites

Una de las mejores cosas que Amy y yo hicimos cuando nos casamos fue mudarnos a mil seiscientos kilómetros de nuestras familias. Eso puede sonar duro, pero pudimos resolver las cosas juntos sin que nadie se inmiscuyera.

Adán y Eva no tuvieron padres biológicos, por lo cual Génesis 2:24 fue escrito para un futuro, para los que iban a venir después de ellos: «Por eso el hombre deja a su padre y a su madre» (Génesis 2:24). Este versículo también muestra que habrá obstáculos que se interpongan en el camino de la unidad o unión sana.

Demasiadas parejas llegan a mi oficina con problemas porque sus padres se inmiscuyen en la relación. Aunque es importante pasar tiempo con los familiares, estas relaciones deben ser saludables.

Mis propios familiares políticos han sido un muy buen ejemplo de lo que es una relación sana con los familiares. Amy y su madre, Linda, son muy cercanas, pero puedo decir que en nuestros diez años de matrimonio nunca he sentido que Linda se inmiscuya. Linda se guía mucho por las Escrituras. Ella sabe que Dios fue quien ordenó que una pareja tenía que dejar a su familia y unirse el uno al otro.

Efesios 5:31 dice: «Por eso dejará el hombre a su padre y a su madre, y se unirá a su esposa, y los dos llegarán a ser un solo cuerpo». La palabra para «unirá» se traduce como «pegará» en el hebreo moderno. Un hombre y una mujer casados están diseñados para estar pegados, pero ese vínculo natural no se puede formar si todavía están pegados a mamá y papá. Y ese pegante no los unirá bien si ellos siguen unidos a los amigos, antiguos novios u otro tipo de dependencias.

Me encanta cuando en las bodas la madre me dice: «No estoy perdiendo una hija, estoy ganando un hijo». Mi respuesta es simple y directa: «¡No! Sí está perdiendo una hija». Esa perspectiva de que uno debe *dejar* para poder *unirse* es la clave para llevar a una pareja joven a la unidad en el matrimonio.

3. No utilice el sexo como un arma o una recompensa

El sexo es hermoso y maravilloso. Es también muy poderoso. El sexo no fue creado como un arma o una recompensa. Más bien, fue creado para disfrutarse mutuamente en un ambiente seguro. A fin de tener el mejor sexo de su vida se necesita comunicación. Habrá muchos momentos en el matrimonio que no sean el tiempo óptimo para tener relaciones sexuales. Está bien decir: «Ahora no» o «Necesito tiempo», pero recuerde lo que dicen las Escrituras sobre este tema. La Biblia le dice a una pareja casada: «No se niegue el uno al otro [al sexo], a no ser de común acuerdo, y sólo por un tiempo» (1 Corintios 7:5). El sexo nunca debe ser utilizado para controlar o manipular a la persona que usted ama.

4. Comprométase sexualmente con su cónyuge de por vida

Cuando la Biblia dice que los dos «se funden en un solo ser», significa que el hombre y la mujer están unidos (Génesis 2:24). Aunque esto literalmente quiere decir que el matrimonio se consuma físicamente, también sugiere que una pareja está bien compenetrada en todos los niveles. Se convierten en uno. Antes de la Caída, el hombre y su esposa estaban desnudos y no sentían vergüenza alguna (ver Génesis 2:25). No solo estaban físicamente desnudos, sino que nunca habían sido expuestos al pecado. Estaban perfectamente unidos; eran uno.

5. Disfrute del sexo de reconciliación practicando la regla de los cinco minutos

He aprendido que la regla de los cinco minutos puede ser muy buena para proteger los vínculos del amor, el respeto y la seguridad en el matrimonio. Básicamente lo que dice esta regla es que cuando suceda un conflicto, se tomen cinco minutos. Déjeme contarle cómo surgió esta regla.

En el pasado, cada vez que Amy y yo teníamos un desacuerdo, me cerraba emocionalmente. Yo cerraba mi corazón; en realidad, me escondía en el sótano y esperaba que ella viniera a pedirme disculpas. Nuestras conversaciones eran más o menos así:

—Ted, lo siento.

—Está bien —respondía yo haciendo como si no importara.

—No debí haber dicho lo que dije —decía ella gentilmente.

Pensaba que era responsabilidad de ella mantener mi corazón abierto. Pensaba que si ella decía lo correcto y yo reaccionaba bien, mi corazón estaría abierto otra vez para ella y para Dios. ¡Pero qué equivocado estaba! No me daba cuenta de que estaba ofreciéndole un amor condicional. Básicamente, mi amor dependía de su desempeño.

No obstante, la Biblia nos desafía a que en nuestras relaciones seamos «siempre humildes y amables ... tolerantes unos con otros en amor» (Efesios 4:2). He aprendido que no es responsabilidad de Amy mantener mi corazón abierto ... es mía.

Así que empecé a utilizar la regla de los cinco minutos. Básicamente, me doy un tiempo para mí. Sigo la instrucción de Santiago 1:19: «Todos deben estar listos para escuchar, y ser lentos para hablar y para enojarse». Salgo por lo menos durante cinco minutos y le pido a Dios que me ayude a abrir mi corazón otra vez. Durante este tiempo, me rehúso a enojarme, hacer muecas, quejarme, reclamar o pensar en tres razones por las cuales lo que sucedió es culpa de ella. Asumo el cien por ciento de la responsabilidad por mi corazón. Y todas las veces que hago esto, el vínculo de nuestro amor, respeto y seguridad no solo se preserva, sino que crece.

La regla de los cinco minutos ha ayudado a nuestros corazones a mantenerse abiertos para el otro. Y cuando el corazón está abierto, todas las puertas se abren: a conversaciones estupendas, tiempos juntos, la intimidad y el sexo.

Si nunca ha tenido relaciones sexuales de reconciliación con su cónyuge, aprenda a resolver el conflicto antes de irse a dormir. Pueden tener un tiempo estupendo cuando el sol se haya puesto. (En el capítulo once hablamos sobre el conflicto y el sexo de reconciliación.)

En el próximo capítulo descubriremos por qué los hombres y las mujeres son tan diferentes y cómo podemos empezar a apreciar esas diferencias en nuestro matrimonio.

De GarySmalley.com

P: Nuestro noviazgo fue sensacional. Nuestro matrimonio no lo es tanto. ¿Qué le sucedió al amor y la emoción que una vez sentimos?

R: En el noviazgo hay mucha curiosidad y fascinación. Pasamos numerosas horas conociendo a la persona que amamos. Hacemos preguntas estupendas para llegar a lo profundo del corazón del otro. En Cantares, el rey Salomón pinta un hermoso cuadro con palabras sobre esta etapa del amor:

«Paloma mía, que te escondes en las grietas de las rocas, en las hendiduras de las montañas, muéstrame tu rostro, déjame oír tu voz; pues tu voz es placentera y hermoso tu semblante» (Cantares 2:14).

Salomón dice: «Quiero conocerte». Le encanta cuando su amada habla y comparte sus pensamientos con él. Desea comunicarse con ella.

El matrimonio trae nuevos componentes: los deberes y la responsabilidad. En el noviazgo, no se comparten las cuentas, las tareas del hogar, ni la crianza de los niños.

La clave es no *reemplazar* la curiosidad y la fascinación por los deberes y la responsabilidad. Debemos equilibrarlo todo. Mi esposa no se enamoró de mí por mi trabajo o el hecho de que yo era muy bueno para podar el césped, sino porque la conocí. Ella sintió lo que la amada de Salomón sentía: «Mi amado es mío y yo soy suya» (Cantares 2:16).

Sigan haciéndose preguntas estupendas para conocerse más profundamente. Aparten una noche para salir juntos con regularidad, libre de distracciones. Vuelvan a visitar algunos de los sitios a los que iban en sus primeras citas. Si quedan muy lejos, recuerden sus restaurantes preferidos, las vacaciones que pasaron, la luna de miel y otras cosas.

Después de cuarenta años de matrimonio, todavía estoy conociendo cosas nuevas de Norma. ¡Me fascina!

Nunca dejen de hacer preguntas. Nunca dejen de buscar tesoros en el corazón de su cónyuge.

A Norma y a mí nos encanta comer en Joe's Crab Shack en nuestra ciudad natal de Branson, Missouri. Por lo general terminamos nuestra noche con una rápida caminata por el hermoso lago Taneycomo. Uno pensaría que después de cuarenta años de matrimonio ya no queda nada más por conocer de la persona con la que se casó. ¡No es cierto! Aunque sé cómo va a responder Norma en casi todas las situaciones, ella todavía me sorprende.

Un jueves en la noche, cuando terminamos nuestra cazuela de langosta en Joe's y nos dirigíamos a nuestra caminata, a Norma le empezó a doler la rodilla y se puso muy débil. Yo pensé que seguramente iba a pedirme que la ayudara a regresar al auto. ¡Estaba equivocado! Ella se miró la rodilla y dijo: «Yo voy a caminar esta noche así me toque arrastrarte todo el tiempo». Quedé impactado.

Me entristece pensar que hay esposos que viven juntos, pero ya no se sorprenden con las acciones y la vida del otro. Mi gran bendición es poder pasar toda la vida estudiando a mi cónyuge.

No deje de fascinarse y maravillarse con su cónyuge. ¡Ya verá como esto aumenta la seguridad!

Resumen

Muchas personas consideran que el sexo es una necesidad, pero la verdad es que el sexo es un deseo. El aire la comida y el agua son necesidades. Sin ellos usted muere.

Desarrolle su carácter en Cristo para tener autocontrol en el sexo.

Crear la seguridad en su matrimonio implica establecer límites sanos con la familia y los amigos.

El sexo nunca debe ser utilizado para manipular, controlar o recompensar a su cónyuge.

Preguntas para discutir en pareja

Cuando escuchas mi nombre, ¿qué es lo primero que viene a tu mente?

Para convertirme en un devoto seguidor de Jesucristo quiero…

¿Crees que tenemos límites sanos con nuestra familia? ¿Qué podríamos hacer para fortalecer nuestro vínculo en este matrimonio?

CAPÍTULO 4

Apreciemos las diferencias

Uno de mis amigos (de Gary) es un hombre fornido que juega fútbol americano profesional. Una vez me contó una historia de su luna de miel que a mí nunca se me ha olvidado.

En la noche de bodas, él y su esposa ya estaban peleando. Solo habían pasado unas horas desde la boda y la joven pareja ya estaba teniendo problemas con las diferencias que había entre ellos.

Mi amigo decidió tomar el control de la relación y establecer quién era el que mandaba. Sacó un par de pantalones de la maleta, se los lanzó a su esposa y dijo:

—Querida, póntelos.

Su pequeña esposa los tomó, los miró y exclamó:

—¡Son enormes! No puedo ponérmelos. Son demasiado grandes.

—¡Correcto! —dijo él—. Y quiero que sepas desde un principio quién es el que lleva los pantalones en nuestra casa.

La esposa buscó en su maleta, sacó un par de delicados pantaloncitos de encaje y se los lanzó como si fueran una banda elástica.

—Ponte estos —ella rebatió.

—No quepo ahí —respondió el esposo.

—¡Correcto! —señaló su mujer—. Y nunca los verás otra vez a menos que cambies de actitud.

* * *

La intimidad en una relación empieza con la honra y la seguridad, no exigiendo respeto. No obstante, es difícil edificar la honra y la seguridad sin entender las diferencias que hay entre los hombres y las mujeres.

Es por eso que queremos examinar las generalidades de esas diferencias, y luego resaltar cinco diferencias fundamentales entre los hombres y las mujeres que, de entenderse y practicarse, aumentarán la honra y la seguridad, pero que de ignorarse o pasarse por alto, debilitarán la relación.

La verdadera intimidad

Para descubrir la verdadera intimidad es necesario empezar entendiendo las diferencias que hay entre los hombres y las mujeres, diferencias que fueron creadas por Dios. La intimidad no empieza en la habitación. La intimidad empieza con la honra y la seguridad, como lo vimos en los capítulos pasados, y culmina en el sexo, como lo descubriremos en el siguiente capítulo.

Honra ➡ Seguridad ➡ **INTIMIDAD** ➡ Sexo

La intimidad incluye los actos diarios de bondad, persistencia y comunicación que crean el anhelo y a la larga el deseo del sexo en las mujeres. El mejor sexo de su vida empieza con lo que algunos consideran un contacto no sexual: tomarse de las manos, tocar los hombros, un abrazo cálido.

Las diferencias entre los hombres y las mujeres en lo relacionado con el sexo son sorprendentes. El hombre promedio está listo para la unión sexual en cuestión de segundos, pero la mujer promedio necesita mucho más tiempo, en algunos casos incluso horas o días de ser tratada como una persona valiosa, para desear emocionalmente compartir la intimidad física con su esposo. Muchos hombres no se dan cuenta, pero más del ochenta por ciento de las necesidades que tiene una mujer de ser tocada se relacionan con un contacto no sexual. El mejor sexo de su vida empieza cuando usted honra y aprecia esas diferencias.

Sexo y cerebro

En el exitoso libro, *Brain Sex: The Real Difference Between Men and Women* [Sexo y cerebro: la verdadera diferencia entre los hombres y las mujeres], Anne Moir y David Jessel dicen que hace cien años la sola mención de la idea de que los hombres eran diferentes a las mujeres en actitudes, habilidades y capacidades habría sido considerada algo completamente obvio, pero afirmar eso hoy genera reacciones muy diferentes. Si un hombre lo dice, puede sugerir una cierta ineptitud social, una inocencia en asuntos de políticas sexuales, una triste deficiencia en la sabiduría convencional, o un intento torpe de ser provocativo. Si lo dice una mujer, se puede ver como una traición a las victorias tan luchadas de las últimas décadas luego de que las mujeres han buscado una igualdad de estatus, oportunidad y respeto.

Los autores dicen lo siguiente: «La verdad es que casi cualquier científico profesional e investigador en la materia ha concluido que los cerebros de los hombres y las mujeres son diferentes. Pocas veces ha habido una brecha más grande entre lo que la opinión inteligente e ilustrada presume —que los hombres y las mujeres tienen el mismo cerebro— y lo que la ciencia sabe: que no es así».[1]

¿Para qué es bueno informarse sobre las diferencias de los géneros?

- Para honrar las diferencias
- Para aumentar la curiosidad y la fascinación
- Para suplir los deseos de su cónyuge
- Para poder entender mejor a su cónyuge y perdonarlo
- Para descubrir un antídoto contra las creencias y suposiciones negativas

Los autores de *Brain Sex* creen que las diferencias inherentes entre los hombres y las mujeres empiezan en el cerebro. Dicen lo siguiente:

> El cerebro, el principal órgano administrativo y emocional de la vida, tiene una construcción diferente en los hombres y en las mujeres; procesa la información de manera diferente, lo que genera percepciones, prioridades y comportamientos distintos. En los últimos diez años ha habido muchísimas investigaciones científicas sobre lo que hace que los sexos sean diferentes. Médicos, científicos, psicólogos y sociólogos por aparte han hecho muchos descubrimientos que, si se examinan todos juntos, generan un cuadro sorprendentemente consistente. Y el cuadro indica que hay una asombrosa asimetría sexual.[2]

CARACTERÍSTICA	MUJERES	HOMBRES
Cromosomas	XX	XY
Volumen de sangre	4/5 de galón	1,5 galones
Masa muscular	Veinte por ciento del peso corporal	Cuarenta por ciento del peso corporal
Lado más utilizado del cerebro	Bilateral, pero el lado derecho es dominante.	El lado izquierdo es dominante.
Pensamientos sexuales	Una vez al día. tres a cuatro veces en días en que realmente se sienten «ardientes».	Treinta y tres veces hasta el medio día.
Palabras por minuto	250	125
Habilidades de contacto visual	Estudian los rostros y las personas.	Estudian las cosas y el medio ambiente.
Desarrollo del contacto visual	Las habilidades de las bebitas aumentan en un 400% en los primeros tres meses de vida.	Las habilidades de los bebitos aumentan un 0% en los primeros tres meses de vida.
Habilidades sociales	En los juegos, las niñas toman turnos veinte veces más frecuentemente que los niños.	Los niños son veinte veces más agresivos que las niñas
Principales temores	Desconexión y abandono	Sentirse controlados y fracasar
Estilo de la comunicación	Expresan emociones	Expresan hechos
Meta de la comunicación	Entendimiento	Soluciones
Definición de la intimidad	H – A – B – L – A - R	Sexo
Estilo de relaciones	Personal	Objetivo[3]

¿Sabía usted que todas las células del cuerpo de un hombre son diferentes a las células del cuerpo de una mujer? Eso genera *millones* de diferencias inherentes. Los químicos que fluyen por nuestros cuerpos son diferentes. Nuestra estructura muscular es diferente. ¡Incluso nuestros sistemas inmunológicos son diferentes! Como las mujeres tienen dos cromosomas X, poseen un sistema inmunológico más fuerte que el de los hombres. Las mujeres son más fuertes que los hombres en la concepción. Menos bebitas mueren antes y después del nacimiento. Las mujeres tienen menos padecimientos y están mejor equipadas para resistir ciertas enfermedades.

La parte derecha del cerebro controla	La parte izquierda del cerebro controla
Lo visual	Lo verbal
Lo espacial	Lo lingüístico
La imagen completa	Los detalles
Lo emocional	Lo práctico
Lo abstracto	Lo concreto
Las formas y patrones	Las secuencias ordenadas[4]

¿Sabía usted que incluso la sangre de los hombres y las mujeres es diferente? Los hombres tienen casi un millón más de glóbulos rojos en cada gota de sangre que las mujeres. Además, los hombres tienen en promedio un galón y medio de sangre en su cuerpo, mientras que las mujeres solo tienen cuatro quintos de galón. Un cuarenta por ciento del peso corporal del hombre es muscular, mientras que solo el veinte por ciento del peso corporal de una mujer se consideran músculos. La piel del hombre es más gruesa y los huesos son más pesados. Por eso es que diariamente los hombres pueden hacer trabajos más duros que las mujeres. También debido a esto los hombres con frecuencia ganan los concursos de pulsos con las mujeres.

Las mujeres tienen muchas células aislantes en su cuerpo, lo que las hace ser más atractivas. También hace que para las mujeres sea más fácil aumentar de peso y más difícil perderlo. Esas células han sido muy convenientes para las mujeres en tiempos de hambre y también durante el embarazo.

¿Lavado de cerebro?

Una de las cosas más fascinantes que descubrimos en nuestra investigación sobre las diferencias entre los hombres y las mujeres es que durante los primeros días después de la concepción, todos nos vemos iguales. Todos parecemos niñas. Uno no puede diferenciar a un niño de una niña. Luego ocurre algo milagroso: la madre libera un químico que empieza a fluir por el cuerpo. Si el embrión es una niña no pasa nada, pero si es un niño, se estimula la liberación de testosterona. La testosterona cambia nuestros cuerpos, y nos da naturalmente la orientación sexual y nos hace más agresivos. La testosterona realiza un lavado en el pequeño cerebro masculino.

El resultado es que el cerebro de los hombres es lateral. Utilizamos un lado del cerebro a la vez. En cambio, las mujeres son bilaterales en la utilización del cerebro. Utilizan ambos lados. Las mujeres físicamente tienen más fibras que conectan las dos mitades de su cerebro, y estas fibras son más grandes. Eso significa que las mujeres tienen un mayor acceso entre los dos lados, lo que contribuye a la intuición. Por eso es que, en un momento dado, las mujeres pueden asimilar más información que los hombres.

Si transmitiéramos mensajes subliminales en una pantalla y le pidiéramos a un grupo de hombres y mujeres que los escribieran, las mujeres los escribirían y los hombres se apresurarían a hacer comentarios como: «¿Dónde estaba eso?» y «Yo no lo vi». Las mujeres están por naturaleza más alertas. Escuchan y ven más en un momento dado debido a la forma en que sus cerebros están conectados.

Los hombres tienden a utilizar más el lado izquierdo del cerebro. Es ahí donde se almacena el sistema del lenguaje. Allí es donde reside la lógica, la ingeniería y la contabilidad. Las mujeres tienden a utilizar más el lado derecho, que es el creativo.

Lo realmente interesante es que esto no se aplica a todos los hombres y todas las mujeres, sino que sucede aproximadamente un ochenta por ciento de las veces. ¡De manera que existen algunas mujeres en las que domina más la parte izquierda del cerebro y algunos hombres en los que domina más la parte derecha, y usted podría ser uno de ellos! ¿Quiere descubrir si usted está en el ochenta por ciento o en el veinte por ciento? Haga el siguiente test sobre el cerebro y el sexo para ver qué lado del cerebro domina.

El test del cerebro y el sexo

1. Usted escucha un maullido. Sin mirar alrededor, ¿qué tan bien puede ubicar el lugar donde está el gato?

   (a) Si lo piensa bien puede señalarlo.
   (b) Puede señalarlo directamente.
   (c) No sabe si podría señalarlo.

2. ¿Qué tan bueno es usted para recordar una canción que acaba de escuchar?
   (a) Le parece fácil y puede cantar parte de la canción.
   (b) Solo lo puede hacer si la canción es sencilla y rítmica.
   (c) Le parece difícil.

3. Una persona que ha visto solo unas pocas veces lo llama por teléfono. ¿Qué tan fácil le es reconocer la voz de esa persona en algunos segundos antes de que la persona le diga con quién habla?
   (a) Le parece muy fácil.
   (b) Reconoce la voz la mitad de las veces.
   (c) Reconoce la voz menos de la mitad de las veces.

4. Usted está con un grupo de amigos casados y dos de ellos están teniendo una aventura. ¿Lo notaría?

   (a) Casi siempre.
   (b) La mitad de las veces.
   (c) Casi nunca.

5. Usted se encuentra en una reunión puramente social con muchas personas. Le presentan a cinco de ellas. Si alguien le menciona los nombres de estas personas al día siguiente, ¿qué tan fácil le es recordar sus rostros?

    (a) Recuerda la mayoría.
    (b) Recuerda algunos.
    (c) Casi nunca los recuerda.

6. Cuando estaba en el colegio, ¿qué tan fácil le era la ortografía y escribir ensayos?

    (a) Era muy fácil para mí.
    (b) Uno de los dos era fácil.
    (c) Ninguno era fácil.

7. Usted ve un estacionamiento, pero tiene que estacionar en reversa y el espacio es realmente pequeño:

    (a) Busca otro espacio.
    (b) Da reversa... con mucho cuidado.
    (c) Da reversa sin pensarlo mucho.

8. Ha pasado tres días en una ciudad extraña y alguien le pregunta hacia dónde queda el norte:

    (a) Es improbable que usted lo sepa.
    (b) No está seguro, pero después de un momento puede deducirlo.
    (c) Señala el norte.

9. Usted está en la sala de espera del odontólogo y hay seis personas más de su mismo sexo. ¿Qué tan cerca puede sentarse de otra persona sin llegar a sentirse incómodo?

    (a) A menos de quince centímetros.
    (b) Entre quince centímetros y medio metro.
    (c) A más de medio metro.

10. Usted está hablando con su nuevo vecino. En el fondo se oye un goteo leve. Aparte del goteo, la sala está en silencio:

(a) Usted nota el sonido inmediatamente e intenta ignorarlo.

(b) Si lo nota, probablemente lo mencionará.

(c) No le molesta para nada.

Puntaje

Puntaje para hombres:
Cada respuesta (a) = 10 Puntos
Cada respuesta (b) = 5 Puntos
Cada respuesta (c) = -5 Puntos

Puntaje para mujeres:
Cada respuesta (a) = 15 Puntos
Cada respuesta (b) = 5 Puntos
Cada respuesta (c) = -5 Puntos[5]

La mayoría de hombres obtiene entre 0 y 60 puntos. La mayoría de mujeres, aproximadamente un ochenta por ciento, saca entre 50 y 100 puntos. Si un hombre resulta con más de 60 puntos, *es posible* que esto indique un dominio de la parte derecha del cerebro. Si una mujer logra menos de 50, *es posible* que esto indique un dominio de la parte izquierda del cerebro.

No obstante, en su mayoría, los hombres tienden a utilizar más el lado izquierdo del cerebro, que es donde están los hechos, el discurso, la lógica y el deseo de conquistar. Aunque las mujeres utilizan ambos lados del cerebro, tienden a utilizar más el lado derecho, que es donde están los sentimientos y las emociones. El lado derecho del cerebro es más creativo e innovador. También es allí donde reside el anhelo de alcanzar y tocar a los demás en un deseo por relacionarnos con ellos de una manera íntima y amorosa.

¿Sabe usted qué músculos mueve mucho una niña pequeña después del nacimiento? Los músculos de los labios. Una de las muchas cosas que las mujeres tienen con frecuencia es una mayor conciencia y la habilidad para comunicarse íntimamente. Dios ha diseñado a las mujeres para que sean estupendas comunicadoras.

Las mujeres también son menos agresivas, mientras que los hombres lo son más. Incluso cuando niños, nosotros tendemos a iniciar más peleas. En promedio, los hombres tienen más sueños violentos que las mujeres, mientras que las mujeres tienen más sueños románticos que los hombres. Los hombres tienden a ser más complicados para enseñarles, más argumentativos y jactanciosos. Ellos tienen más problemas de tartamudez y dificultades para aprender a leer. Y también tienden a ser más enfermizos. Estas diferencias tienen unas implicaciones tremendas en el hogar promedio.

Las cinco diferencias fundamentales que crean la seguridad

Con los años, hemos identificado cinco diferencias significativas entre los hombres y las mujeres; estas diferencias pueden fortalecer una relación, pero si son malentendidas, pueden dañar un matrimonio saludable.

1. Los hombres tienden a descubrir y expresar los hechos, mientras que las mujeres tienden a expresar la intuición y sus emociones.

En un estudio se registraron todos los sonidos que salían de las bocas de un grupo de niños y niñas de entre dos y cuatro años de edad. Los investigadores descubrieron que el cien por ciento de los ruidos que hacían las niñas tenía algo que ver con una conversación, ya fuera con ellas mismas o con alguien más. Solo un sesenta por ciento de los ruidos que hacían los niños tenían que ver con conversaciones; ¡de hecho, casi la mitad eran ruidos como de autos![6] Estos hallazgos pueden trasladarse directamente al matrimonio: La mujer pregunta: «¿Podemos hablar, querido?», y el hombre solo hace ruidos.

Con frecuencia, cuando el hombre llega a casa del trabajo, ya ha utilizado la mayoría de sus palabras, mientras que su esposa apenas está empezando. La mujer va a querer hablar y el hombre va a preguntar: «¿De qué quieres que hablemos?»

La mujer responde: «De nada específico; solo hablemos».

O un hombre puede decidir hablar sobre los hechos, siempre y cuando haya hechos de qué hablar. Tan pronto como se agotan los hechos, también se acaba la conversación. La mujer piensa que apenas está empezando la conversación cuando la misma ya se ha acabado porque al hombre se le agotaron los hechos para hablar.

A muchos hombres les parece difícil hablar de cosas que tienen que ver con las relaciones o los sentimientos. Una mujer puede preguntar: «¿Cómo te sientes en tu trabajo?» El hombre se va a sentir tentado a ofrecer una respuesta común: «Bien». ¿La razón? Muchos hombres no se sienten cómodos hablando de sus sentimientos y no saben cómo responder.

Amy y yo (Ted) usualmente nos vamos a la cama a las diez de la noche. Hay unos días en los que gasto mis palabras antes del mediodía, especialmente los domingos después de enseñar dos veces en la mañana o un sábado luego de hablar en una conferencia. Muchas de esas noches, Amy se va a la alcoba con un excedente de cinco mil palabras que todavía le quedan por hablar. Entonces, cuando apagamos la luz, ella empieza a hablar. Lo divertido ahora es que ella ya no espera que yo genere cinco mil palabras nuevas. Así que simplemente escucho. Entender esto ha disminuido las peleas que teníamos en la noche. Todo lo que Amy pide es que guarde una parte de mis palabras para ella todos los días; no quiere que yo gaste todas mis palabras por fuera de la casa.

2. Los hombres tienden a buscar soluciones, mientras que las mujeres tienden a buscar compasión, empatía y comprensión.

Cada cierto tiempo, mi hija (de Gary) nos va a visitar y me dice: «Papá, ¿podemos conversar?» Nos sentamos en la sala y ella empieza a hablar. A veces honestamente tengo problemas para seguir lo que me está diciendo. *¿Será que ella necesita que yo le dé un consejo como padre? ¿Será que necesita que le arregle algo? ¿Será que necesita mi ayuda?* Finalmente le pregunto: «Kari, ¿estamos hablando de algo específico?»

«Solo quiero estar un rato contigo, papá», responde.

Cuando escucho esas palabras, puedo sencillamente relajarme y disfrutar de un tiempo con ella. O pensemos en una actividad común como ir de compras. Una mujer puede decir: «¿Quieres ir de compras?» El hombre responde: «Claro, vamos». Pero para las mujeres de mi casa, no se trata solo de ir de compras, sino de ir de c-o-o-m-m-p-p-r-r-a-a-s.

Aprendí esto al comienzo de nuestro matrimonio. Íbamos al centro comercial más grande del área y yo siempre quería saber qué estábamos buscando. Si Norma decía que estábamos buscando unos zapatos nuevos, entrábamos a la primera tienda de zapatos y ella se probaba unos pares.

Le decía: «Esos están bonitos. ¿Son cómodos? Llevémoslos». ¿Sabe lo que ella hacía? Los volvía a poner en el estante y se dirigía a la siguiente tienda por departamentos, donde se probaba unos zapatos similares. Yo veía algunos que se veían bonitos y le sugería que se comprara dos pares. Pero ella volvía a ponerlos en el estante. Después de una hora o más de estar haciendo compras, ¿adivina lo que ella quería hacer? ¡Parar, tomarse un café y conversar!

Mientras tanto, yo no podía concentrarme porque no teníamos los zapatos. De hecho, yo ya no quería comprar unos zapatos ... quería *cazarlos*. Deseaba tomarlos, empacarlos y sacarlos de allí.

Esa es una de las grandes diferencias entre nosotros. Sin embargo, con los años, realmente he aprendido a no solo ir de compras, sino a ir de c-o-o-m-m-p-p-r-r-a-a-s. ¡Inclusive les hemos enseñado a nuestros hijos varones y ahora logramos estar un poco más de dos horas haciendo compras! Tomé la decisión de aprender a disfrutar de ir de compras porque sé lo especial que esto es para mi esposa. Es algo que podemos hacer juntos, y es una de las maneras en que puedo honrarla. Y hay muchas conversaciones que tienen lugar en un centro comercial que no se dan en ninguna otra parte.

3. Los hombres tienden a ser objetivos, mientras que las mujeres tienden a ser personales.

En muchas maneras los hombres son como la parte interior de un barco: estamos divididos por compartimentos. Vamos a una habitación y cerramos la puerta. Vamos a otra habitación y cerramos la puerta, y así sucesivamente. Las mujeres son más como un río. Ellas fluyen. El pasado, el presente y el futuro fluyen juntos.

Algunas veces el hombre llega a casa del trabajo y la esposa le pregunta: «¿Pensaste en mí hoy?» El hombre responde: «Bueno, déjame pensar. Creo que sí». Generalmente, los hombres tienden a vivir por compartimentos. Cuando están en el trabajo, están en el trabajo; cuando están en la casa, están en la casa.

Cuando Amy y yo (Ted) vamos manejando por una carretera, ella ocasionalmente me mira y me pregunta: «¿En qué estás pensando?» Esto siempre me sorprende fuera de guardia. A ella le cuesta creer que los hombres pueden poner su cerebro en neutro y no pensar en absolutamente nada. De modo usual encuentro algo rápido para responderle: «Tenemos que cambiar el aceite del carro en seiscientos cincuenta kilómetros». (El pequeño adhe-

sivo en la parte superior izquierda de la esquina del parabrisas fue lo primero que vi.) Mujeres, permítanme decirles algo importante: si alguna vez se
preguntan si su esposo está pensando o no en la relación, la respuesta es no.

Por otro lado, pensemos en un partido de fútbol que transmiten una
tarde por televisión. ¿Por qué es tan fácil para muchas mujeres ignorarlo?
Porque no conocen a nadie del campo. No tienen ninguna relación personal
con los jugadores. ¿Cómo puede lograr uno que una mujer mire un partido
de fútbol? Preséntele a los jugadores, no como estadísticas, sino como personas reales. Utilice una revista como *Sports Illustrated* o busque entrevistas
con los jugadores en donde ellos cuenten de sus antecedentes, familias e
hijos. Entonces, la próxima vez que esté mirando un partido, usted puede
decirle a su esposa: «Ese jugador que acaba de lanzar la pelota es el que tiene
gemelos. El que la agarró es el que tiene una mamá que sobrevivió al cáncer
de seno». ¡Se sorprenderá de lo mucho que su esposa empezará a disfrutar
de un partido cuando usted lo personalice!

4. Muchos hombres pueden separar lo que son de lo que los rodea, pero la casa es una extensión de la mayoría de las mujeres.

Amy y yo compramos nuestra primera casa en 1998, cuando yo asistía al seminario en Dallas. Era una de esas casas de noventa mil dólares que se encontraba
en un conjunto de doscientas casas iguales. Decidimos hacerle algunas mejo-
ras, pero la mayoría de los acabados de la casa eran poco lujosos y sencillos.

Una noche, poco después de mudarnos, Amy y yo estábamos en la casa,
viendo uno de nuestros programas preferidos de televisión. A la mitad del
programa, Amy se levantó de un salto y dijo:

—¡No puedo estar en esta sala ni un minuto más!

—¿Qué sucede? —pregunté.

—¿Acaso no te molesta que las perillas de las puertas de esta habitación
sean de bronce pulido y que el ventilador del techo sea de níquel? ¿En qué
estaban pensando los constructores? —exclamó.

Mis ojos se posaron sobre el ventilador, luego sobre la puerta, luego
sobre el ventilador, y luego sobre la puerta de nuevo. No podía procesar lo
que la tenía tan alarmada. Estábamos en medio del suspenso de un buen
programa de detectives cuando de repente ella hizo esta afirmación. No tenía
ni idea de que durante los primeros treinta minutos del programa Amy no se
había podido concentrar en la trama o los personajes debido a que las perillas
y el ventilador del techo no eran del mismo material.

¿Se imagina usted qué hicimos el siguiente sábado? Adivinó: Fuimos a Home Depot a comprar perillas de níquel. Amy quedó tranquila. Bueno, quedó tranquila hasta que entró a la habitación esa noche. La nueva perilla estaba en una puerta que quedaba entre nuestra habitación y la sala. Y el ventilador del techo en el dormitorio principal era de bronce pulido. El domingo volvimos a Home Depot a comprar un ventilador de níquel para nuestra habitación.

Para muchas mujeres, la casa es una extensión de lo que ellas son, y los pequeños detalles pueden hacer una gran diferencia en lo que se relaciona con su nivel de comodidad.

¿Alguna vez le ha pasado que al salir de la casa su esposa dice: «Ay, se me olvidó lavar la loza» o «No tendí la cama»? Es realmente difícil para una mujer salir de la casa cuando las cosas no están hechas. Es casi como si parte de *ella* estuviera desarreglada. Yo puedo salir de la casa sin preocuparme por la loza, pero ella no. Cuando entiendo esta diferencia, me siento mejor equipado para amarla y servirle de una manera que la haga sentir cómoda y más segura en nuestra relación y nuestro hogar.

5. Los hombres tienden a concentrarse más en lo básico, mientras que las mujeres tienden a concentrarse más en los detalles que conforman el gran cuadro.

Las mujeres van por la vida experimentando cosas en ambos lados del cerebro. Experimentan cosas lógicas y también emocionales. Cuando las experiencias de una persona tocan sus emociones, son más fáciles de recordar. Por ejemplo, los estudiantes que estudian alguna información utilizando el lado derecho del cerebro y los sentimientos tienden a recordar tal información por un período de tiempo más largo y con más detalles.

Si un hijo se va a vivir a otra ciudad para ir a la universidad, es posible que al llamarlo el padre pregunte: «¿Cómo te va? ¿Tienes dinero? ¿Qué tal tus clases? ¿Has hecho amigos? Bueno. ¡Qué te diviertas!» Luego cuelga. Ahora bien, si es la madre quien llama, probablemente va a preguntar: «¿Cómo te va? ¿Cómo es tu habitación? Cuéntame sobre tu compañero de habitación. Cuéntame sobre tus amigos. Y sobre tus profesores. Y sobre la comida». Ella lleva la conversación a un nivel totalmente nuevo.

Alistar a nuestros hijos para salir siempre ha sido un problema para Amy y para mí. El problema no está en lo que tenemos que llevar, sino más bien en la frustración que Amy y yo sentimos hacia el otro al preparar esas cosas.

Para mí, salir de la casa con nuestros hijos de dos y cuatro años es sencillo: ponerles los zapatos a los niños y asegurarlos en las sillas.

Para Amy, la lista es un poco más larga e incluye que se peinen y se cepillen los dientes, que el cuello esté arreglado y los botones abotonados, que no haya manchas en la ropa, que la bolsa esté llena de cajitas de jugos, pañales, pañuelitos, ropa, bananas, manzanas, hebillas para el cabello adicionales y juguetes para entretener a los niños.

El problema es este: Amy y yo planeamos un tiempo para salir a cenar después que ella termine una reunión en la iglesia un sábado. Eso significa que yo estoy en casa con los niños y soy completamente responsable de los preparativos para salir a cenar. Como soy hombre, y a veces no asocio los detalles, no tengo una lista. Corynn, Carson y yo llegamos a recoger a Amy para la cena, pero Amy no puede esconder su indisposición. Carson tiene una mancha de jugo de uva en la camisa. El pantalón de Corynn no le hace juego con la camiseta. Amy pregunta: «¿Dónde está la bolsa?»

«Sabía que se me olvidaba algo», debo confesar.

Entender esta quinta diferencia entre los hombres y las mujeres ha creado una mayor seguridad en nuestro matrimonio. Ahora yo me esfuerzo por cumplir con su lista y recogerla con los niños un poco más arreglados. Y Amy ha aprendido a reírse, sabiendo que yo hago mi mayor esfuerzo.

El manual del matrimonio

Nunca hemos conocido a una mujer que no tenga integrado dentro de sí un manual del matrimonio. ¡Cada esposo duerme al lado de una mina de oro de conocimiento natural sobre las relaciones! Incluso si la mujer fue abusada cuando niña, se burlaron de ella en la adolescencia o fue denigrada por sus familiares, puede sacar su manual integrado si usted la cuida y la consiente.

Esta es una de las mejores cosas que tienen las mujeres: un deseo innato de tener buenas relaciones. Dios mismo debió de haber puesto ese deseo en ellas. Eso significa que cualquier hombre en cualquier momento puede sacar provecho del manual del matrimonio integrado en su esposa con solo hacer tres preguntas:

1. *En una escala de uno a diez, ¿qué tipo de matrimonio quieres?*

Por lo general, la mujer va a decir que diez o algún número cercano a diez. Nunca he conocido a una mujer que diga: «Quiero un matrimonio que esté en dos o tres». Nadie quiere casarse y sentirse miserable.

2. *En una escala de uno a diez, ¿dónde está nuestro matrimonio hoy?* Esto es interesante. En nuestros estudios, la mayoría de las mujeres contesta la pregunta con más precisión que el hombre promedio. En promedio, el hombre responde esta pregunta asignándole dos o cuatro puntos más al estado actual del matrimonio que la mujer. Por eso es que los hombres con frecuencia se sorprenden al escuchar lo que sus esposas piensan realmente sobre el matrimonio. No obstante, sin importar la respuesta que dé la mujer a esta pregunta, lo que en verdad importa es la tercera pregunta. (Aunque usted tal vez no llegará a la tercera pregunta a menos que siga mostrando una buena actitud mientras ella habla.)

3. *¿Qué se necesitaría hoy o en las próximas semanas para que nuestra relación llegara a un diez?* ¡Cualquier pareja puede utilizar estas tres preguntas del manual del matrimonio para transformar su relación! Ahora bien, es importante hacer las preguntas con una actitud de humildad y un deseo de un crecimiento personal y de la relación. Uno tiene que estar listo para escuchar una respuesta honesta de parte del cónyuge. Si usted responde con: «No puedo creer que hayas dicho eso», su cónyuge se va a sentir tentado a cerrarse. Sea amable y honre a su cónyuge con un compromiso: «Me importa demasiado nuestra relación. Puede que no entienda lo que quieres decir en este momento, pero me comprometo a entenderte y a llevar nuestra relación a un diez».

He visto parejas cuyo matrimonio cambió en cuestión de una hora solo por poder y querer hacer esas tres preguntas.

Cómo superar las diferencias

¿Sabía usted que el cerebro humano es tan fabuloso y poderoso que la persona promedio utiliza solamente un ocho por ciento de su capacidad mental? Eso significa que todos tenemos la capacidad de crecer y cambiar en nuestras habilidades cognitivas y relacionales. ¡Si en usted tiende a dominar el lado izquierdo o derecho de su cerebro, puede aprender a utilizar el otro lado! ¡Todos los hombres y mujeres tienen un tremendo potencial!

Entonces, ¿por qué no empezar hoy? Aumente el valor de su compañero lo más cerca que se pueda a un diez. Honre a su amado. Haga que su cónyuge se sienta seguro. Y siga tomando la decisión de valorarle cada día. Incluso si en un principio no lo siente, tenga la certeza de que sus sentimientos van a seguir a las actitudes y decisiones que tome. Y antes de que se dé cuenta, tendrá un matrimonio evaluado con diez. Ese diez incluye su vida sexual, como lo veremos en los siguientes capítulos sobre la estimulación, la conexión y la creatividad.

De GarySmalley.com

P: *He estado leyendo un libro que me ha abierto los ojos a la forma en que los hombres piensan. Para ser totalmente honesta, me siento frustrada cuando pienso en el hecho de que los hombres se excitan con lo que ven. Mi esposo y yo hemos tenido unas discusiones intensas sobre este tema. Le he preguntado directamente si siente tentaciones sexuales. Nuestras conversaciones por lo general llevan al hecho de que todos los hombres son tentados en esta área. Primero que todo, ¿es esto cierto? Y si es así, ¿qué puedo hacer para proteger a mi esposo de esta tentación?*

R: La respuesta a la primera pregunta es sí. El profesor del Seminario de Dallas Howard Hendricks dijo lo siguiente: «Si un hombre no es tentado en el área sexual, tiene algún otro problema».

Hay muchos malos entendidos sobre la tentación. El hecho es que ser tentado no es pecado. Dios no se siente decepcionado ni disgustado con nosotros cuando somos tentados. Ser tentados no significa que somos tan culpables como si en realidad hubiéramos pecado. Los seguidores de Cristo más maduros espiritualmente también son tentados.

La tentación es común a todos los seguidores de Cristo. La Biblia nos motiva: «Ustedes no han sufrido ninguna tentación que no sea común al género humano» (1 Corintios 10:13). También es importante recordar que Dios no nos lleva a la tentación. Santiago 1:13 dice: «Que nadie, al ser tentado, diga: "Es Dios quien me tienta." Porque Dios no puede ser tentado por el mal, ni tampoco tienta él a nadie». La tentación en sí misma no es pecado, pero dejarse llevar por la tentación sí lo es. Ninguna tentación es irresistible.

Ser tentado es una cosa, pero desear a una mujer que no sea su esposa es imaginar en su mente todo el acto sexual. Yo creo que masturbarse mientras sueña con estar con alguien más que no sea su cónyuge es lo que Cristo llama «adulterio» (Mateo 5:28). Desear la intimidad sexual con otra mujer es soñar con estar con ella y liberarse sexualmente durante el sueño. El adulterio es romper el pacto que usted hizo con su esposa y con Dios de no tener ninguna otra mujer en su mente y su corazón al estar casado.

Entender las tentaciones que enfrentan tanto los hombres como las mujeres trae una mayor seguridad al matrimonio. Guardar nuestros corazones de esas tentaciones es otra forma de honrar a nuestro cónyuge. Comunicar los pasos que tomamos para guardar nuestros corazones es una clave para la seguridad.

Las Escrituras nos motivan mucho cuando dicen: «Pero Dios es fiel, y no permitirá que ustedes sean tentados mas allá de lo que pueden aguantar. Más bien, cuando llegue la tentación, él les dará también una salida a fin de que puedan resistir» (1 Corintios 10:13). Jesús vivió esto antes que nosotros. Él también fue tentado. Hebreos 4:15 dice: «Porque no tenemos un sumo sacerdote incapaz de compadecerse de nuestras debilidades, sino uno que ha sido tentado en todo de la misma manera que nosotros, aunque sin pecado».

Por eso es tan importante guardar nuestros corazones. Decirle no a la tentación es decirle sí a algo mucho mejor. El hecho de que usted y su esposo estén hablando de este problema es algo bueno. Evite tener una actitud de juicio. Si su matrimonio es sano, vulnerable y crece en intimidad, usted puede jugar un papel muy importante para impedir que esa tentación se convierta en lujuria.

Notas

1. Anne Moir y David Jessel, *Brain Sex: The Real Difference Between Men and Women*, A Delta Book/Dell Publishing, Nueva York, 1989, p. 9.
2. Ibid., p. 5.
3. Ibid., n.p.; también Doctor Louann Brizendine, *The Female Brain*, Morgan Road Books, Nueva York, 2007, n.p.
4. Moir y Jessel, *Brain Sex: The Real Diference Between Men and Women*, A Delta Book/Dell Publishing, Nueva York, 1989, p. 40.
5. Ibid., pp. 50-52.
6. Robert Kohn, «Patterns of Hemispherie Specialization in Preschoolers», *Neuropsychology*, 12:505, p.12.

Resumen

La intimidad en una relación empieza por establecer
la honra y la seguridad, no por exigir respeto.

Para descubrir la verdadera intimidad hay
que empezar entendiendo las diferencias que Dios
creó entre hombres y mujeres.

Si usted honra a su cónyuge y lo hace sentir
seguro, estará en el camino a lograr una verdadera
intimidad.

Preguntas para discutir en pareja

En una escala de uno a diez, ¿qué tipo de
matrimonio quieres?

En una escala de uno a diez, ¿dónde está nuestro
matrimonio hoy?

¿Qué se necesitaría hoy o en las próximas semanas
para llevar nuestro matrimonio a un diez?

¿Cuáles diferencias fundamentales han estado
causando conflictos en nuestro matrimonio?

¿Qué pasos podemos dar para apreciar
esas diferencias?

CAPÍTULO 5

El secreto para una vida sexual estupenda

Cuando Amy y yo (Ted) nos casamos, no sabía cómo hacer para que mi esposa se sintiera con ganas de tener relaciones. Ambos trabajábamos todo el día y luego llegábamos a casa a preparar la cena y hacer varios oficios domésticos. Yo estaba listo para tener relaciones aproximadamente a las nueve de la noche, pero hubo muchas noches en las que Amy no estaba lista.

Trataba de pensar en una lista de las razones por las que mi esposa no se sentía con ganas:

Su jefe la sobrecargaba con trabajo adicional.

Ella estaba cansada de enseñar a los niños todo el día.

La cena le había caído mal.

Estaba en *esa* época del mes.

Olvidó hacer su devocional.

Observe que yo no aparecía por ningún lado en la lista. No había manera posible de que pudiera ser parte de la razón por la que mi esposa no se sentía con ganas. Después de todo, sentirse con ganas era responsabilidad de ella, no mía.

¡Qué tonto era!

No fue sino hasta que miré una serie en DVD de Gary Smalley llamada *Homes of Honor* que empecé a darme cuenta de esto. En esta serie, Gary dice que los hombres son muy rápidos para responder al sexo, mientras que las mujeres necesitan más tiempo para prepararse. No me había dado cuenta de que para las mujeres, el sexo empieza en la mañana.

Antes de mirar *Homes of Honor*, tuve problemas con el sexo durante los primeros siete años de mi matrimonio. No tenía ni idea de que el secreto para una vida sexual estupenda estaba en escuchar y en la comunicación. No sabía que la honra lleva a la seguridad, lo cual lleva a la intimidad, lo cual lleva al sexo.

Honra ➔ Seguridad ➔ **INTIMIDAD** ➔ Sexo

Ahora sé que una vida sexual estupenda empieza en el corazón y no entre las piernas. Desde que me di cuenta de esto, Amy y yo hemos tenido una intimidad sexual muchísimo mejor, no porque hayamos aprendido nuevas posiciones o técnicas, sino porque hemos aprendido cómo conectarnos emocionalmente a través de la comunicación.

Cada vez que enseñamos sobre el tema de la comunicación en nuestros congresos, siempre se nos acercan a Gary y a mí parejas que llevan veinte o más años de casados y nos dicen: «Nos gustaría haber aprendido esto cuando recién nos casamos». Así que ya sea que usted apenas se haya comprometido o que vaya a celebrar su vigésimo quinto aniversario de bodas, conocer los seis niveles de comunicación que se describen a continuación lo va a preparar para tener el mejor sexo de su vida. Y descubrirá que la relación sexual es mucho más que solo física: también es mental y emocional.

Los seis niveles de la comunicación

Una comunicación estupenda no es cuestión solamente de *qué* se dice, sino de *cómo* se dice. Por ejemplo, se puede decir la palabra «mujer» de maneras muy diferentes. Uno puede decir: «mujer», o «¡MUJER!» o «muuujeeeer». Es la misma palabra, pero le agregamos mucho con nuestro tono, nuestra inflexión vocal, la velocidad y la expresión facial.

> *La mejor comunicación de su vida empieza cuando su deseo por entender a su cónyuge es mayor que su deseo de ser entendido.*

A medida que estudie los siguientes puntos, piense en sus familiares, sus amigos, e incluso en su cónyuge. ¿Con cuáles niveles de comunicación se siente usted más cómodo?

Nivel 1: Conversación general

La conversación general es el nivel que uno utiliza con los desconocidos. Usted puede decir: «Oye, ¿cómo estás?» Y la gente responde: «¡Bien!», ya sea o no cierto. Las conversaciones generales son las que utilizamos para comunicarnos con los individuos que no conocemos realmente, como los empleados del supermercado, los meseros y otras personas con las que nos encontramos en nuestro día a día. En el matrimonio, algunas parejas llegan a este nivel cuando están enojadas o aburridas. Es el nivel de comunicación menos sa-tisfactorio y puede matar el amor que quede.

Nivel 2: Hechos

Este nivel invita a las personas a intercambiar hechos sobre sus vidas. «¿Sabes cuál es el pronóstico del tiempo para el fin de semana?», «¿Escuchaste la noticia en Fox News?», «¿Cómo estuvo tu almuerzo?» No hay mucha tensión en estos primeros dos niveles de comunicación en la mayoría de los matrimonios. Pero el conflicto puede aumentar. Una pareja puede empezar a discutir sobre hechos como: «Te dije que la cena era a las seis de la tarde». Y la respuesta: «No. Dijiste que era a las siete. Estoy cansado de que vivas cambiando la hora. Me muero de hambre y me voy a ir a Wendy's a comer. Haz lo que te dé la gana».

No desperdicie su relación discutiendo sobre malentendidos. Toda discusión en la que la pareja está enojada instantáneamente debilita la relación porque se viola el principio fundamental del matrimonio: *Unidos como uno.* (En el capítulo once le enseñaremos cómo resolver el conflicto antes de que empiece.)

Nivel 3: Opiniones

En este tercer nivel de comunicación es donde las cosas se pueden poner un poco peligrosas. Es allí donde nos arriesgamos a tener conflictos por algo que todos tenemos: opiniones. En este nivel de la comunicación uno pasa naturalmente de decir los hechos a evaluarlos. Cuando dos personas intercambian opiniones, de inmediato reconocen las diferencias y el riesgo que hay de estar en desacuerdo y que aumente la tensión, así como la posibilidad de que haya peleas. Esta es la verdadera prueba para la honra y la seguridad. Cuando uno logra valorar mucho las opiniones del cónyuge, empieza a ver mucho más profundo dentro de su corazón. El respeto por las opiniones personales y privadas de la otra persona lleva a una conexión muy profunda. ¡Y esa conexión entre dos personas que están casadas puede conducirte al mejor sexo de su vida! Cuando las mujeres se sienten entendidas y respetadas por sus opiniones, se derriten en los brazos de sus esposos. Descubrir y respetar las opiniones de los demás lleva a una relación mucho más profunda.

Nivel 4: Sentimientos

Si logra intercambiar opiniones de una manera sana y madura, mostrando respeto y apreciando las diferencias entre los dos, podrá llegar a un nivel más profundo en la comunicación: empezará a intercambiar sentimientos. Usted empieza a abrirle sus emociones a la otra persona. Este es un nivel especialmente sensible en la comunicación, porque si usted comparte sus sentimientos sobre un tema y como respuesta le dicen que está equivocado, naturalmente puede sentirse desconectado de su cónyuge. Dependiendo de la situación y la respuesta, también podría sentirse rechazado, abandonado o controlado. Dependiendo de sus niveles de seguridad y autoestima, puede incluso llegar a sentirse como un fracasado. La comunicación saludable entre las parejas debe llegar a este nivel y sobrepasarlo, pero con frecuencia es aquí donde se estanca. Cuando los sentimientos no son intercambiados de una manera saludable, una o las dos personas de la relación pueden sentirse heridas y la capacidad de comunicación puede reducirse. Es por eso que es crucial no reaccionar nunca negativamente a los propios sentimientos o los de la otra persona. Tan solo escuche para poder entender mejor.

Nivel 5: Necesidades y deseos

Cuando las parejas se sienten seguras compartiendo sus sentimientos, pueden llevar la comunicación más allá y empezar a intercambiar sus necesidades. Aquí es donde empezamos a hablar sobre lo que realmente queremos y deseamos de nuestro cónyuge. Este nivel de comunicación exige un fuerte sentido de honra y seguridad. Uno debe poder compartir las opiniones, sentimientos y necesidades más profundas sin temor a ser juzgado, criticado o culpado si se quiere llegar a los niveles más profundos de amor y respeto en la relación. Lograr este nivel de comunicación en un matrimonio produce intimidad. No obstante, todavía hay un nivel más profundo.

Nivel 6: Creencias

Las creencias reflejan la esencia de lo que usted es. Las creencias se afirman en su corazón durante años, incluso se remontan a la niñez. Sus creencias, también conocidas como los mensajes de su corazón, han sido parte de usted durante mucho tiempo y reflejan quién es en realidad.

Sus palabras y reacciones vienen directo de su corazón. Su corazón contiene lo que usted cree. La forma como se viste en la mañana tiene que ver con sus creencias (si se siente seguro o inseguro con su cuerpo), así como el modo en que se alimenta. Todo en su vida descansa en este sexto nivel. Las parejas que tienen la mayor intimidad sexual han aprendido este secreto. Han llegado a este nivel y cultivado una comunicación estupenda al escuchar el corazón del otro.

El deseo es algo que buscamos de nuestro cónyuge, mientras que la creencia es la perla que dirige nuestros sentimientos y deseos. Cuando llegamos al por qué (creencia), podemos llevar a cabo el cómo (deseo).

Al reflexionar sobre los seis niveles de la comunicación, es crucial recordar que la meta es llegar al sexto nivel tan frecuentemente como sea posible. La meta final es entender al otro en todos los niveles, pero en especial en el sexto.

Yo (Gary) solía pensar que la meta era ser entendido por mi esposa. Pensaba que la buena comunicación en el matrimonio se daba a través de la conversación diaria. Consideraba que era un buen comunicador cuando convencía a mi esposa de algo. Si tenía un buen argumento o un discurso convincente, pensaba que nos estábamos comunicando. ¡Qué equivocado estaba! Una comunicación estupenda se basa en honrar a su cónyuge y en desarrollar la seguridad en el matrimonio. Empieza con escuchar, florece al compartir, y termina al entender más que al ser entendido.

Uno de los hombres más sabios y exitosos que ha vivido jamás fue el rey Salomón. Él escribió varias porciones de las Escrituras que me cambiaron para siempre. Proverbios 4:23 dice: «Por sobre todas las cosas [lo primero que debe hacer cada día durante el resto de la vida] cuida tu corazón, porque de él mana la vida». Cuando descubrí que mis creencias más profundas estaban guardadas dentro de mi corazón, empecé a cuidar lo que creía, y como resultado mi vida se ha visto más enriquecida que con cualquier otra cosa que haya hecho. Y a medida que mi esposa ha empezado a entender más profundamente mis nuevas creencias, nos hemos acercado más y estamos más enamorados que nunca antes en nuestros cuarenta y tres años de matrimonio.

La prueba real de escuchar y permanecer en los tres niveles mejores y más profundos de la comunicación surge cuando los dos tienen una opinión diferente acerca de algún tema importante sobre el que deben tomar una decisión. Una vida sexual estupenda empieza al tomarse el tiempo de escuchar a su cónyuge y entender tantas cosas sobre él o ella como pueda. Escuchar es honrar. Escuchar es dar seguridad, en especial cuando usted no reacciona, sino que es genuinamente curioso y se siente fascinado por lo que su cónyuge le dice. «Ah, así que eso es lo que quieres decir» o «Siempre me había preguntado qué creías sobre eso».

Cómo lograr la mejor comunicación

Como Dios, y no su cónyuge, es ultimadamente la fuente de vida, hay veces en el día en las que usted debe recordarse a sí mismo esta importante verdad. Una de las peores cosas que puede esperar es que su cónyuge sea su dios. Su cónyuge nunca va a igualar a Dios. No podemos esperar que nuestro cónyuge supla todas nuestras necesidades ... ese es el trabajo de Dios. Esto nos permite relajarnos con la persona con la que nos casamos y construir la relación que Dios quería que tuviéramos sin esperar que nuestro cónyuge nos llene y se convierta en nuestra alma gemela. Dios es nuestra verdadera alma gemela. Nuestro cónyuge es nuestro mejor amigo y tiene todas las debilidades humanas que todo el mundo tiene. Así que no puede esperar que su amado siempre haga lo correcto o responda de la manera correcta. Esto empieza con usted. Si se ve atrapado en una situación en la que su cónyuge explota por algo pequeño, deténgase, respire profundamente, no diga muchas cosas, y lo que vaya a decir, dígalo con gracia y amor. Al pensar en la respuesta, hay algunas cosas que debe considerar si lo que le interesa son los asuntos del corazón:

Utilice y lea el lenguaje corporal

La comunicación tiene más que ver con el lenguaje corporal que con las palabras. Comunicamos más con la forma en que decimos algo que con las palabras de utilizamos. La próxima vez que hable con su cónyuge sobre un asunto potencialmente candente, estudie la postura corporal de él. ¿Está alejado de usted? ¿Está ella distraída intencionalmente? ¿Qué tan lejos está él de usted? ¿En el otro lado del sofá? ¿Al otro lado de la habitación? Incluso si su cónyuge no dice nada verbalmente, sigue habiendo comunicación. Aprenda a leer el lenguaje corporal.

Dígalo en otras palabras

No diga lo que *usted* ha dicho en otras palabras; diga en otras palabras lo que su cónyuge ha dicho. Una de las mejores maneras de profundizar la comunicación es tomar lo que su cónyuge dice y repetirlo utilizando palabras diferentes. Esto ayuda a garantizar que lo que se dijo es en realidad lo que usted escuchó. Cuando uno repite con amabilidad lo que el cónyuge ha dicho, se crea un ambiente de entendimiento y comunicación sana.

Utilice señales motivadoras

Busque oportunidades de responderle a su cónyuge de manera positiva a través de su respuesta física. Siéntense juntos. Tómense de las manos si es apropiado. Afirme con la cabeza o con la voz diciendo «Sí», «Claro» o «Ajá» cuando sea adecuado. Obviamente, no tiene que responder de esta manera a cada frase, pero de vez en cuando en una conversación puede ayudar mucho.

Sea específico

Proverbios 13:17 dice: «El enviado confiable aporta la solución». Por eso es tan importante ser específico. Dígale a su cónyuge lo que hay en su corazón. Si se siente incómodo con algo, hágaselo saber. Incluso si están hablando sobre un tema difícil como por qué su cónyuge no quiere tener relaciones sexuales, recuerde permanecer centrado en el problema. Hay muchas razones por las que su cónyuge puede decir: «Esta noche no». Algunas son biológicas. Algunas son hormonales. Algunas son causadas por los efectos secundarios de algún medicamento. Algunas pueden provenir de un problema emocional o heridas sin sanar. Una vez aconsejé a un hombre que no entendía por qué su esposa era frígida hasta que ella le contó que había sido abusada sexualmente cuando niña. Por eso comunicar nuestros deseos es tan importante.

Mantenga el contacto visual

Nuestros ojos han sido descritos como las ventanas del alma. ¡Ellos revelan más sobre nosotros de lo que nos imaginamos! Esa es una razón por la que mantener el contacto visual es tan importante. En mi relación (de Ted) con Amy, he descubierto que si estamos teniendo una conversación profunda y yo rompo el contacto visual, así sea por medio segundo, sin intención daño todo lo que ya dije. Mi falta de contacto visual comunica que estoy distraído y desconectado, aun si no es verdad. Tengo que estar pendiente de concentrarme en ella y reconocer lo que está diciendo. Mantener el contacto visual crea un ambiente más seguro, especialmente cuando uno está comunicando sentimientos, necesidades y creencias. Es en estos momentos de nuestro matrimonio en los que todavía puedo decir: «Vaya, no sabía eso!»

Cree el ambiente adecuado

Una buena comunicación implica eliminar las distracciones. Eso significa apagar el televisor, el celular y el computador. Se puede sentir tentado a dejar el televisor prendido en silencio y el celular en vibrador, pero lo mejor es apagarlos por completo.

Una de las mejores horas en las que Amy y yo nos comunicamos es aproximadamente a las nueve de la noche, después que los niños se han acostado. Hacemos una jarra de café descafeinado de Dunkin' Donuts, nos sentamos en la sala en el primer piso, y pasamos algún tiempo charlando. Usualmente para esa hora del día yo ya no tengo palabras ni mucho que decir, pero eso es bueno, porque estoy en mayor disposición de escuchar.

Incluso si el ambiente para la comunicación no es el ideal, puedo hacer un esfuerzo para mejorarlo. Por ejemplo, algunas veces después que hemos apagado la luz para dormir mi esposa empieza a hablar de algo que quiere comentarme. Eso es estupendo, excepto por el hecho de que a los pocos minutos de poner la cabeza en la almohada estoy roncando. Así que si Amy empieza a hablar, decido prender la luz y mirarla directamente a los ojos o hacer lo posible por permanecer despierto y ofrecerle una afirmación verbal. No me quiero perder esos momentos y la oportunidad de vivir en el nivel seis de comunicación en mi matrimonio.

A medida que avance en el camino hacia el sexto nivel de comunicación y vea que su vida sexual es mucho mejor como resultado de esto, va a empezar a darse cuenta de que la relación sexual no es solo física: también es mental y emocional.

Relación sexual mental

Al principio de mi matrimonio (de Gary) no sabía nada sobre cultivar una vida sexual estupenda. ¿Acaso mi padre alguna vez habló conmigo sobre este tema? No. ¿Mi madre lo hizo? Negativo. El sexo era un tema tabú en nuestra casa. Aprendí todo lo que sabía sobre el sexo de mis amigos, y no era que ellos supieran mucho tampoco. Cuando empecé a descubrir que el sexo era un reflejo de una buena relación y que la relación sexual empieza con una relación sexual mental, mi matrimonio fue transformado.

Hace un tiempo, Norma y yo hicimos nuestro primer viaje a Hawai. Yo esperaba que el viaje estuviera lleno de playas, sol y romance. Un día decidí pasar la jornada haciendo lo que a mi esposa le encanta hacer: recorriendo la isla. Pasamos un día estupendo juntos explorando ciudades pequeñas y varias tiendas. Ese día verdaderamente conectamos, compartimos y disfrutamos de la compañía mutua. Estábamos teniendo una relación sexual mental. Cuando el sol empezó a ponerse, ya era hora de volver al hotel.

Al mirar el indicador de gasolina, me di cuenta de que el tanque estaba vacío. No quería que nada dañara nuestro día perfecto, así que decidí poner el auto en neutro y utilizar el embrague para bajar por las colinas y ahorrar la mayor gasolina posible. Mi esposa, que es muy observadora, se dio cuenta de que algo no estaba bien y preguntó: «¿Qué sucede?» Yo no dije nada. Solo pensaba: *Sigue andando. Puedes lograrlo.* Más que nada, no quería dañar el fluir del día, esa deliciosa relación sexual mental que estábamos disfrutando, y la noche que íbamos a compartir juntos físicamente.

Cuando llegamos a la cima de la colina, oprimí el pie para desengranar el auto. Pero (levemente distraído por los pensamientos de la noche que nos esperaba) en vez de oprimir el embrague, accidentalmente oprimí bruscamente el freno. El auto patinó en medio de la carretera, y mi pobre esposa se golpeó contra el parabrisas.

Norma gritó: «¿Qué estás haciendo?» Y yo pensaba: *Estoy dañando nuestro fantástico día y el sexo estupendo que íbamos a tener esta noche.*

Finalmente le conté el problema y le expliqué que oprimí el freno en vez del embrague porque estaba nervioso por no arruinar nuestro maravilloso día. A ella le gustó esa explicación, y la noche resultó estupenda después de todo.

Una buena relación sexual mental casi siempre lleva a una relación sexual aún mejor. A medida que usted profundiza la comunicación con su cónyuge, se dará cuenta de que empezará a experimentar una relación sexual mental. Ahora bien, no estamos hablando de pornografía o pensamientos sucios. Muy frecuentemente la relación sexual es entendida como un acto o un hecho, pero no es así. Hoy las personas tienen más relaciones sexuales que nunca antes, pero las disfrutan menos, y es esta falta de relaciones sexuales mentales la que puede incluso llevar a la disfunción y las adicciones. La relación sexual no es un acto; es un reflejo de una relación estupenda.

Honra ➡ Seguridad ➡ Intimidad ➡ Sexo

La relación sexual no significa orgasmo o penetración. Significa conocer a alguien íntimamente. Así es como se tiene una relación sexual mental. Ahora bien, si usted saca esto del contexto, o se lo dice a un vecino sin dar ninguna explicación, por supuesto que no tendrá sentido. La vida sexual de una pareja es un reflejo de su relación. El sexo es como tomar una fruta de un árbol: para multiplicarse y saber bien, la fruta debe contar con una buena tierra, recibir agua, sol y estar en un ambiente sano. El buen fruto sexual en su matrimonio se da como resultado de alimentar la relación.

La tierra representa escuchar y entender a su cónyuge para que él se sienta muy honrado y que es valioso para usted. El agua es el contacto físico. La luz del sol significa la seguridad. Cuando usted honra a su cónyuge, le da seguridad y crea intimidad, el sexo revive a su cónyuge. Recuerde que la seguridad está presente cuando su cónyuge se siente seguro de ser él mismo sin temor de que usted lo ataque, juzgue o critique. El secreto de una experiencia sexual que sea satisfactoria para ambos está en crear el lugar más seguro que exista en la tierra.

He contado (Gary) esta historia sobre Norma y yo varias veces, pero vale la pena repetirla. Hace seis años, cuando la verdad sobre crear la seguridad en mi propio hogar con Norma se convirtió en mi meta principal, decidí enfrentar las cosas y resolver el asunto de una vez por todas. Invité a Norma a cenar para decirle algo especial. Cuando nos sentamos a nuestra mesa, tomé su mano y le pedí que me perdonara por todas las veces que había intentado cambiarla de alguna manera. Le dije lo equivocado que había estado al intentar cambiarla, culparla, criticarla y juzgarla. Hacer esas cosas había sido lo peor para nuestro matrimonio y el amor que sentíamos mutuamente. Le dije que desde ese día en adelante nunca más intentaría cambiarla o ni siquiera criticarla. Nunca la culparía por «hacerme» sentir enojado o infeliz. Si tenía que cambiar algo en su vida, eso era un problema entre ella y Dios, no mío. Norma me dijo en voz baja que me perdonaba, pero me di cuenta de que se mostraba precavida. Las experiencias anteriores que había tenido conmigo le habían enseñado a ser cautelosa. Ella no sabía lo que yo pretendía.

Adelantemos la escena cinco años. Desde esa noche he intentado no cambiar a Norma de ninguna manera. En vez de eso, la he admirado por ser ella misma. Le he agradecido muchas veces por advertirme en el pasado, y he admitido que me hubieran salido mejor las cosas si la hubiera escuchado más atentamente en muchas situaciones.

Norma se siente más segura hoy que durante los primeros cuarenta años de nuestro matrimonio. Está más dispuesta a compartir y ya no le echo la culpa de las cosas. Ahora ve nuestro matrimonio como una zona libre de juicios. Y yo espero que siga siendo así.

Relación sexual emocional

Una esposa estaba llevando a su esposo al aeropuerto. Iban tarde y ella comenzó a acelerar por la autopista. El esposo miró el indicador de gasolina y se dio cuenta de que estaba casi vacío. Él sugirió que se detuvieran en una estación para echarle gasolina al auto.

—No te preocupes por eso; después de dejarte en el aeropuerto me detengo en una estación —dijo ella.

—Pero esta área de la ciudad es muy peligrosa —protestó el esposo—. No quiero estar pensando que te va a pasar algo mientras yo estoy en el avión. Me iría más tranquilo si sé que estás bien y te percatas de que aprecio todo lo que haces por mí. No tienes que detenerte sola en una estación.

Ella le recordó que iban tarde, pero el esposo insistió:

—Esto es muy importante para mí, porque tú eres importante para mí.

La esposa le puso la mano en la pierna y le susurró en el oído:

—¿Sabes qué? En realidad esta conversación me está excitando.

Los hombres por lo general quieren saber: *¿Qué es lo que excita a una mujer?*

> **El consejo bíblico para crear el ambiente adecuado, tomado de cantares.**
>
> Comida (ver 2:5)
>
> Halagar (ver 1:15-16)
>
> Escuchar con atención (ver 2:14)
>
> Desvestirse lentamente (ver 4:1-5)
>
> Dar seguridad (ver 4:8)
>
> Beso frances/hebreo (ver 4:11)

Si fuera simplemente echarle gasolina al auto, el indicador nunca dejaría de marcar lleno. Pero es más que eso: se trata de una conexión emocional. Esta mujer se excitó porque las acciones de su esposo reflejaban la relación que ellos tenían. Él estaba preocupado por ella. La amaba. Quería estar con ella. Y deseaba que estuviera segura.

Tomar la mejor fruta del árbol de nuestro matrimonio implica conocerse emocionalmente. No solo es parte de la salud sexual; también es parte de la salud mental, física y emocional. Al igual que con la relación sexual mental, la relación sexual emocional no es un acto o un hecho, sino llegar a conocer a alguien íntimamente. Y una de las mejores maneras para conocer a alguien de un modo muy profundo es aprender a utilizar imágenes verbales emocionales. Después de todo, una imagen vale más que mil palabras.

Imágenes verbales emocionales

Las imágenes verbales le pueden ayudar a comunicar sus pensamientos y emociones. Comparar a su esposa con una carpa, un caballo o una cabra probablemente no sería una buena idea a menos que usted viviera en los días de Salomón. Cuando Salomón comparó a su amada con una yegua de las carrozas del faraón, estaba utilizando una imagen verbal emocional para comunicar el hecho de que ella era la mujer más importante de su vida.

Si siente que su cónyuge en realidad no entiende lo que usted dice, especialmente cuando el tema tiene que ver con las emociones, intente utilizar una imagen verbal. A continuación hay algunos ejemplos:

- *Para expresar su aprecio por el amor de su cónyuge:* «Para mí tu amor es como un vaso enorme de té helado en un cálido día de verano. Es fresco y vivificante, y su frescura restaura mi fortaleza y calma la sed de mi alma reseca».

- *Para decirle a su cónyuge que se siente ignorado:* «Cuando nos casamos, yo sentía que era un hermoso libro escrito a mano con carátula de cuero y bordes dorados, y que era un regalo de Dios para ti. Al principio, me recibiste con gran entusiasmo y alegría: me valorabas, hablabas de mí con los demás, me presentabas a otras personas y me tratabas con cuidado. Sin embargo, a medida que ha pasado el tiempo, me has puesto en el estante y he estado recibiendo polvo. De vez en cuando te acuerdas de que estoy aquí. Si tan solo me sacaras del estante y me abrieras otra vez. Si tan solo vieras cuánto más tengo para ofrecerte».

- *Para decirle a su cónyuge que se siente cargado con mucho trabajo:* «Es como si el mundial de fútbol se hubiera terminado y los jugadores estuvieran en el vestidor. Ellos botan los uniformes sucios en el piso, así como las medias y las rodilleras llenas de lodo. Los jugadores se duchan y poco a poco se van yendo y me dejan a mí ahí. No solo tengo que limpiar todo el desorden, sino que nadie ni siquiera se da cuenta de que estoy aquí limpiando».

Si pudiera expresarle un pensamiento o sentimiento a su cónyuge ahora mismo, ¿cuál sería? Para utilizar una imagen verbal emocional, simplemente conecte un interés de su cónyuge con ese pensamiento o sentimiento. Es fácil empezar a utilizar imágenes verbales emocionales.

Un jugador de fútbol americano profesional una vez me dijo que su esposa no le respondía. Él se sentía demasiado frustrado en el área sexual. Había llegado a casa algunas noches seguidas con el deseo de tener relaciones sexuales y su esposa no estaba interesada. Lo desafié a ofrecerle a su esposa una imagen verbal emocional para que ella pudiera entender lo que sentía. Él creyó que era una idea estupenda.

Se fue a casa y le dijo a su esposa que estaba teniendo problemas con su vida sexual.

—Siento como si estuviéramos jugando el juego de las copas —explicó—. Es como si hubiera tres copas en nuestro armario. Cuando llego a casa, empiezo a tratar de conquistarte y te digo que quiero tener relaciones sexuales, y tú me dices que vaya al armario y revise las copas. Si puedo encontrar la que tiene un fríjol debajo, podemos tener relaciones. Si no encuentro el fríjol, no hay relaciones. No lo he encontrado en mucho tiempo. Sé que está en una de las copas, pero durante el día es como si tú las revolvieras y yo nunca voy a saber dónde buscar. Quiero saber lo que necesito para que haya tres fríjoles, uno debajo de cada copa.

La esposa respondió que a ella le encantaría decirle como encontrar el fríjol. Decidió utilizar una imagen verbal emocional distinta para responder.

—Digamos que yo soy como tu caña de pescar preferida con su carrete —dijo—. Cuando nos casamos, ¿qué tan lejos me podías lanzar sexualmente hablando?

—Tan lejos y con tanta frecuencia como yo quisiera —respondió él.

—¡Exactamente! Pero durante los últimos quince años de nuestro matrimonio, no te has preocupado por cuidar del carrete. Nunca le quitaste la sal ni le echaste aceite. Ahora está todo oxidado. No le diste mantenimiento a la caña, no arreglaste los ojetes ni cambiaste la cuerda. Y ahora, ¿qué sucede cuando intentas lanzarme? Experimentas un contragolpe o la cuerda se enreda, ¿verdad? No se puede lanzar muy lejos y yo no respondo.

Al darse cuenta de la verdad en sus palabras, él le preguntó:

—¿Cómo puedo conseguir una nueva caña, un nuevo carrete y una nueva cuerda para que podamos tener lo mismo que tuvimos cuando éramos más jóvenes?

La mujer le dio tres consejos. Primero, el esposo debía retirar el óxido y ponerle aceite al carrete. Eso significaba que cuando llegara a casa después de trabajar, debía abrazarla y decirle lo mucho que significaba para él. Quería decir que la invitara a sentarse en el sofá para que cada uno pudiera hablar sobre su día.

Segundo, él debía reemplazar la cuerda. Eso implicaba que debía tomarse el tiempo para jugar con los niños y ayudarlos con sus tareas. Ese tipo de cosas la excitaban.

—Niños, ¡vengan aquí! ¡Vamos a jugar! —interrumpió el esposo.

Y finalmente, él debía ponerle un nuevo terminado a la caña y reemplazar algunos de los ojetes. Eso significaba pasar tiempo juntos, lejos de los niños, disfrutar el uno del otro y conectar mental y emocionalmente. Su relación sexual sería el placentero fruto de su relación.

¿Sabe lo que sucedió? ¡No solo su relación y su matrimonio mejoraron bastante, sino que también una noche después de la práctica, el esposo encontró dos fríjoles debajo de una copa!

Entonces, ¿qué debe hacer usted para seducir a su cónyuge? ¿Es hora de conectar mentalmente? ¿Emocionalmente? En el próximo capítulo vamos a darle las herramientas que necesita para tener una relación sexual mental y emocional. Una vida sexual estupenda empieza mucho antes de llegar a la habitación; esto lo descubrirá cuando hablemos de los cinco secretos para una buena comunicación.

De GarySmalley.com

P: *¿Cómo logro que mi esposo hable sobre sí mismo? Hemos estado casados veintinueve años. El principal problema siempre ha sido tratar de que él hable sobre sí mismo, sus sueños, metas, deseos y las cosas que le gustaría hacer. Cuando se lo pregunto, se cierra y dice que mejor cambie de tema porque no va a hablar de eso, o que siente que no hay nada de qué hablar. Entonces yo me siento frustrada, dejo de hablarle, y le doy solo respuestas de una palabra. He intentado solucionar esto con él, pero creo que siempre lo hago de la manera equivocada. ¡Ayúdenme!*

R: Si entiendo bien, usted no tiene un nivel profundo de intimidad con su esposo. Lo que usted quiere no son hechos, metas y planes para el futuro, sino más bien intimidad y una conexión emocional.

En su sentido más básico, la intimidad es la experiencia de sentirse cerca de su esposo y compartir abiertamente cualquier cosa sobre sí misma o algo más con la confianza de sentirse segura, amada y valorada. Esto puede o no incluir palabras. No necesariamente se necesita mucho trabajo o esfuerzo para lograrlo. El error que muchos cometen, al saber que quieren experimentar la intimidad y que para esto se necesita estar abierto, es enfocarse en intentar ser abierto o crear intimidad. Enfocarse en cualquiera de estas dos cosas hace que llegar a la verdadera intimidad sea más difícil de lo que debe ser.

El enfoque más fácil para llegar a la intimidad es concentrarse en crear un ambiente seguro para usted y su esposo. Cuando ambos se sientan seguros, estarán naturalmente inclinados a relajarse y sincerarse. Y luego la intimidad tan solo será algo que venga por añadidura.

Nuestros corazones saben por naturaleza cómo abrirse. Este era el estado natural de Adán y Eva en el jardín. Cuando los cónyuges se abren el uno con el otro, la intimidad sencillamente llega sola. No requiere ningún esfuerzo ni una atención consciente.

Examine su manera de hacer las cosas. Quizás usted tiene un patrón que ha desarrollado sin ni siquiera darse cuenta. ¿Cuándo le pide usted a su esposo que le hable de sí mismo? ¿Los fines de semana? ¿Justo después de que ha llegado a casa del trabajo? ¿Camino a hacer las compras? ¿Qué tono utiliza? ¿Lo sermonea? ¿Se muestra frustrada? Busque maneras de garantizarle a su esposo que sus sueños metas y planes están a salvo con usted. Que no va a juzgarlo. Este es probablemente el comienzo para descubrir nuevas herramientas a fin de comunicarse.

Resumen

Relación sexual no significa orgasmo o penetración.
Relación sexual significa conocer a alguien íntimamente.

La mejor comunicación de su vida empieza cuando su
deseo de entender a su cónyuge es mayor que su deseo de
ser entendido.

Las *conversaciones generales* y los *hechos* son los niveles
más superficiales de la comunicación. No hay mucho
riesgo de tener conflictos en estos dos niveles.

El nivel de las *opiniones* es donde la mayoría de las parejas
tiene problemas. La mayoría de los matrimonios nunca
sale de este nivel.

Es en los tres niveles más profundos de la comunicación:
sentimientos, deseos y creencias, donde la verdadera
comunicación se da.

Las personas que saben escuchar leen el lenguaje corporal,
repiten lo que la otra persona dijo en otras palabras, utilizan señales motivadoras y mantienen el contacto visual.

Preguntas para discutir en pareja

Si pudieras expresarme un sentimiento, deseo o creencia
en este momento, ¿cuál sería?

¿En qué nivel de comunicación crees que nos movemos la
mayor parte del tiempo?

¿Qué necesitaríamos para vivir en los niveles de los
sentimientos, los deseos y las creencias?

¿Cuál es la mejor manera de llegar a tu corazón?

CAPÍTULO 6

Cómo profundizar

Se dice que los hombres que se quedan calvos en la parte del frente suelen ser buenos pensadores, los hombres que se quedan calvos en la parte de atrás son buenos amantes, y los hombres que se quedan calvos adelante y atrás (como yo) solo piensan que son buenos amantes.

Yo (Gary) una vez la pregunté a mi peluquero si se me iba a caer el poquito pelo que me quedaba. Nunca olvidaré su respuesta: «No. Solo se redistribuirá entre sus oídos, su nariz y su espalda a medida que envejezca».

Sin importar su edad o dónde tenga o no tenga pelo, su vida sexual es un barómetro de la relación con su cónyuge. Es un reflejo de lo que sucede en su vida. Ocurre como con la pareja de ochenta y cinco años que ha estado casada por más de cincuenta años. Cuando la esposa descubrió que su vida sexual era un barómetro de la relación, decidió que tenía que hablar del asunto con su esposo inmediatamente. Ella le preguntó: «George, ¿qué le pasó a nuestras relaciones sexuales?»

«Creo que están bien», respondió él. «¿Acaso no nos mandaron una tarjeta de Navidad el año pasado?»

En este capítulo vamos a profundizar aun más en cómo experimentar el mejor sexo de su vida. Como lo descubrimos en el capítulo anterior, el secreto para un sexo estupendo es la comunicación. Ahora que ya conoce los seis niveles de la comunicación, queremos equiparlo con los cinco secretos para una comunicación estupenda.

Los cinco secretos para una comunicación estupenda

1. Escuche lentamente

Una comunicación estupenda empieza con escuchar a su cónyuge. Eso significa pasar más tiempo escuchando que hablando. Mire lo que dice Santiago 1:19: «Mis queridos hermanos, tengan presente esto: Todos deben estar listos para escuchar, y ser lentos para hablar y para enojarse». ¡*Este* sí que es un consejo sabio del que todos los matrimonios y las relaciones se podrían beneficiar! Observe que la Biblia no le dice que escuche rápidamente, sino que sea rápido para escuchar hasta que entienda a la otra persona. Hay una progresión natural en este versículo:

1. Escuche hasta que entienda.
2. Sea lento para hablar.
3. Sea lento para airarse.

Sin embargo, con mucha frecuencia en nuestras relaciones este orden se invierte; en vez de controlarnos, nos apresuramos a hablar con ira. Muchos problemas que se podrían resolver fácilmente se vuelven conflictos grandes porque tocan fibras sensibles y nos enojamos mucho; y solo después de que hemos sacado todo lo que había en nuestros corazones desaforados estamos listos para escuchar en realidad.

La Biblia nos instruye sabiamente a empezar a resistir el deseo de soltar nuestras palabras. En vez de eso, nos desafía a quedarnos callados y responder en vez de reaccionar. Proverbios 29:20 dice: «¿Te has fijado en los que hablan sin pensar? ¡Más se puede esperar de un necio que de gente así!» Tomarse el tiempo para escuchar mejorará su comunicación, su relación y su matrimonio.

2. Concéntrese en los sentimientos, no en los problemas

Hay un principio matrimonial que es importante recordar: *El problema rara vez es el problema.*

Normalmente se le echa la culpa de las peleas maritales a muchas cosas: el sexo, la familia política, la crianza, los niños, las amistades, el trabajo, los jefes. Sin embargo, esas cosas no son la *fuente* del conflicto. Solo son problemas. Y los problemas muestran lo que está sucediendo en el corazón.

Hemos escuchado a parejas que dicen que el dinero los separó, pero el dinero nunca ha causado un solo divorcio. Algunos han argumentado que la bancarrota provocó el divorcio pero, una vez más, la bancarrota no fue la causante. La verdadera causa del divorcio estuvo en el hecho de que la pareja solo llego al tercer nivel de comunicación. Intercambiaban opiniones, pero nunca llegaron a hablar de los sentimientos, las necesidades y las creencias;

nunca llegaron a entenderse en realidad.

¿Cuándo fue la última vez que le hicieron un examen del corazón? No un examen médico, sino un examen espiritual. Como lo mencionamos anteriormente, la Biblia nos instruye: «Por sobre todas las cosas cuida tu corazón, porque de él mana la vida» (Proverbios 4:23). Eso significa que debemos vigilar nuestro corazón. Mírelo bien de cerca. Es fácil señalar las circunstancias y no nuestras propias expectativas como la fuente de la decepción e incluso del dolor. Tristemente, algunas personas creen que si solo hacen las maletas y se van para integrar otro matrimonio, las cosas van a mejorar. Hasta que nos demos cuenta de que nuestro corazón guía nuestras reacciones hacia nuestro cónyuge, no entenderemos la verdadera fuente de nuestros problemas.

Cuando nuestra congregación tenía tres años, un visitante y un asistente regular casi se van a los puños en el estacionamiento de la iglesia en Branson, Missouri. Más tarde, el visitante me envió un correo electrónico (a Ted) y dijo que planeaba «darle una paliza a ese conductor». Escribió así: «No culpo a ese hombre (al asistente regular que estaba manejando lentamente). Lo culpo a usted, porque yo creo que las personas reflejan el liderazgo que tienen».

¡El visitante estaba hablando de mí! Así que hice lo que cualquier pastor cuerdo hubiera hecho: lo invité a desayunar. (No se preocupe. Secretamente había ubicado a algunos amigos «guardaespaldas» alrededor del restaurante. Quería estar protegido.) Durante las últimas semanas me he estado reuniendo con este conductor «loco». A medida que he llegado a conocerlo mejor, he aprendido a analizar su corazón y he descubierto que realmente yo no soy el problema principal de este hombre. De hecho, el conductor que le produjo tanta ira camino a la iglesia tampoco es el problema principal de este individuo. Menos aún lo es la iglesia o el liderazgo. Durante nuestros desayunos juntos descubrí que la prometida de este joven había terminado con él la semana anterior. Él no quería herirnos a ninguno de nosotros. Solo quería herir a su exnovia.

Todos nosotros experimentamos el dolor y la pérdida en nuestras vidas. Algunas cicatrices son más profundas que otras. Los maestros, los entrenadores, los jefes, los vecinos, los desconocidos e incluso los familiares pueden decir o hacer cosas inapropiadas o crueles. Algunas de sus palabras o acciones pueden ser destructivas o ultrajantes. No obstante, recuerde que aunque usted haya sido la víctima, puede tomar la decisión de no serlo más.

ue entienda nuestros sentimientos más profundos so-
s pasadas es muy importante cuando se trata de nuestro
s. Todos nosotros tenemos la necesidad profunda de ser
nuestro «balde del amor» no está lleno o nunca ha estado
a reaccionar contra las personas de maneras negativas sin
te de nuestra reacción.

De la misma manera, la reacción negativa que alguien tenga contra usted probablemente está más relacionada con el nivel de amor que esa persona está recibiendo en la vida. Quizás, solo quizás, cuando su cónyuge reacciona contra usted, debería escuchar con atención para saber cuánto amor ha estado recibiendo de su parte últimamente.

Me he hecho el hábito de escuchar siempre cuánto amor los otros están recibiendo en vez de tomar sus palabras literalmente o peor, en lugar de tomarlas como ataques personales contra mí. Tan pronto como empiezo a ver expresiones faciales y a percibir el tono y los sentimientos detrás de las palabras, puedo escuchar mucho mejor. ¿Cuántas veces ha escuchado a alguien que lo ataca y ha reaccionado con ira porque sus palabras suenan como si algo estuviera mal con usted? Las personas continuamente dicen lo que creen, necesitan o desean por la forma en que hablan. Las palabras dicen más de la persona que las pronuncia que de aquella que las escucha.

Empecé a escuchar mejor a mi cónyuge y a otras personas cuando descubrí que no debía tomar personalmente todo lo que sale de la boca de alguien. Cuando me siento atacado, he descubierto una manera de rechazar ese ataque (¡y tal vez no es lo que usted se imagina!) Le llamo a esto la caza del tesoro. Cazar el tesoro significa descubrir lo que realmente está pasando en el corazón de la otra persona.

Durante los primeros siete años de mi matrimonio con Amy, frecuentemente decía cosas en contra de mi esposa que eran rudas y algunas veces crueles. Cerraba mi corazón y mi mente, y me rehusaba a escuchar lo que ella decía. Pero lentamente, con el pasar del tiempo, ella fue hallando el camino para llegar a mi corazón. Amy quería saber lo que realmente estaba pasando. Y con mucha frecuencia, el desacuerdo que teníamos o la ira que yo expresaba en verdad no tenían nada que ver con el problema.

Todo lo relacionado con usted, lo que la gente ve en el exterior, es solo un reflejo de lo que sucede en su corazón. Proverbios 27:19 dice: «En el agua se refleja el rostro, y en el corazón se refleja la persona». Y Proverbios 23:7 dice: «Porque cual es su pensamiento en su corazón, tal es él» (Reina

Valera 1960). Poco a poco he empezado a descubrir que cuando la gente ataca, lo que debo hacer es descubrir qué es lo que realmente está pasando por dentro. ¿Cuál es el verdadero problema? ¿De dónde viene la ira?

¿Cuándo fue la última vez que usted estuvo en un restaurante y el mesero o el cajero estaba tenso? ¿Usted lo tomó como algo personal? ¿Cómo afectó esto su actitud hacia la otra persona? Cazar el tesoro significa no tomar de forma personal la ofensa, sino buscar más profundo dentro del corazón de la persona. Esto puede significar simplemente detener a la persona y preguntarle: «¿Cómo ha estado tu día?» o «¿Qué te sucede?», u ofrecer un comentario alentador como: «Verdaderamente este lugar está lleno hoy, pero estás haciendo tu trabajo muy bien». Se sorprenderá de ver lo que brota del corazón de una persona después de solo algunas palabras o momentos de amabilidad.

> *Cazar el tesoro significa intentar entender lo que les ha sucedido a las personas y ofrecerles gracia para los momentos difíciles, porque todos tenemos momentos como esos.*

Cazar el tesoro es algo que funciona en todas las diferentes circunstancias e intersecciones de la vida. Por ejemplo, si veo a un hombre agresivo en la calle mientras voy conduciendo, pienso que quizás tuvo una pelea con su esposa antes de salir de casa en la mañana. O quizás el papá del conductor no lo ama mucho. O quizás su mamá le dijo que él nunca lograría nada en la vida. O quizás sufre de apnea del sueño y está malhumorado porque no durmió bien. Cazar el tesoro significa intentar entender lo que les ha sucedido a las personas y ofrecerles gracia para los momentos difíciles, porque todos tenemos momentos como esos.

Por eso es tan importante cazar el tesoro en sus relaciones, especialmente con su cónyuge. He visto que esto sucede una y otra vez en mi propio matrimonio.

Por ejemplo, para Amy una fiesta de cumpleaños es muy importante. Cuando nuestra hija iba a cumplir su primer año de edad, mi esposa se fue de compras y se gastó más de trescientos dólares en la fiesta. ¡Yo me enojé mucho! Para mí trescientos dólares era demasiado para una fiesta de cumpleaños, especialmente para una niña de un año. Si nos hubiéramos quedado en el nivel tres en nuestra comunicación y solo hubiéramos inter-cambiado nuestras opiniones, el asunto se habría convertido en una pelea completa. Pero en vez de eso, tomamos el tiempo para comunicarnos y hablar sobre nuestros sentimientos, necesidades y creencias.

Los seis niveles de la comunicación en la conversación diaria

CONVERSACIONES GENERALES	Amy: —¿Cómo te fue? Ted: —¿Qué hiciste hoy?
HECHOS	Amy: —Hoy fui de compras y me gasté trescientos dólares en la fiesta de cumpleaños de Corynn.
OPINIONES	Ted: —¡Trescientos dólares es demasiado! Amy: —No, no es así.

SENTIMIENTOS	Ted: —Estoy preocupado por todas las cuentas que tene-mos que pagar este mes. Amy: —No me gusta invitar a las personas a una fiesta y que las cosas no se vean bien.
DESEOS	Amy: —Quiero que Corynn se sienta especial. Ted: —Yo también.
CREENCIAS	Amy: —Mi mamá siempre hacía que las fiestas de cum-pleaños fueran muy especiales y grandes. Ted: —Mis padres me mostraban su amor de otras ma-neras. Los cumpleaños no eran tan grandes.

En mi casa, los cumpleaños no eran una fiesta especial cuando yo era joven. Salíamos a cenar y nos daban un regalo. Sin embargo, en la casa de Amy, las fiestas de cumpleaños se planeaban con meses de anticipación. Ella creía que el cumpleaños era uno de los días más importantes del año.

Amy y yo hemos aprendido mucho el uno sobre el otro después de esta gran discusión sobre la fiesta de cumpleaños de Corynn. Yo me di cuenta de lo especiales que algunos acontecimientos eran para ella. Me percaté de que valora los recuerdos y quiere crear recuerdos especiales para nuestros hijos. A ella le encantan las fiestas y las coordina extremadamente bien. Aprendí todo esto al profundizar en las creencias de mi esposa.

Amy también aprendió mucho sobre mí y mi historia familiar. Los padres de mi padre trabajaban muy duro, pero no tenían mucho dinero. Hacían malabares para llegar a fin de mes. Los cumpleaños no se celebraban por lo grande, sino que eran muy sencillos. Cuando mi papá empezó a tener hijos (mi hermano y yo), nos celebraban los cumpleaños, pero no eran tan importantes. Así que mi padre no nos hacía fiestas muy grandes. Mis padres nos mostraban su amor de otras maneras. Los cumpleaños no eran tan trascendentales. Cuatro generaciones después, yo le estaba pasando esas creencias a mi hija.

El día que Amy y yo descubrimos esto sobre mi familia, la forma en que hablábamos sobre el dinero cambió por siempre. No nos habíamos dado cuenta de que nuestros desacuerdos eran tan profundos. Este simple descubrimiento cambió todo. También nos ayudó a Amy y a mí a entender por qué teníamos tantos problemas en la época de Navidad. Amy quería dos árboles: uno para la sala de estar y otro para la sala. Yo quería un árbol de un metro que haría que Charlie Brown se sintiera orgulloso. (En el capítulo once vamos a darle algunas herramientas específicas que le pueden ser útiles para resolver conflictos sin importar su tamaño o su forma.)

¿Qué descubrimientos le esperan en su matrimonio? ¿Cuál ha sido el motivo de las peleas y los desacuerdos durante años? ¿Es posible que en ese tema en particular ustedes nunca hayan pasado más allá del nivel tres de la comunicación?

¿Qué descubrimientos le esperan en su matrimonio?

Recuerde que el nivel seis de la comunicación, las creencias, es siempre donde encontrará el mejor sexo de su vida. Se trata de pasar del problema a la esencia del problema. En 1 Pedro 3:7 dice: «De igual manera, ustedes esposos, sean comprensivos en su vida conyugal, tratando cada uno a su esposa con respeto, ya que como mujer es más delicada». Una traducción moderna podría decir: «Averigüe qué es lo que hace que las cosas funcionen bien».

Una de las mejores partes de la Biblia donde se ilustra este principio es 1 Corintos 8. Entre los corintios, la práctica de sacrificar carne a los ídolos era un problema realmente grande y todo el mundo tenía opiniones diferentes sobre el tema. Pablo escribe: «En cuanto a lo sacrificado a los ídolos, es cierto que todos tenemos conocimiento. El conocimiento en-vanece, mientras que el amor edifica» (1 Corintios 8:1). En otras palabras, todos tenemos opiniones y todos podemos defenderlas de un modo agresivo. No obstante, como seguidores de Jesús, el amor está sobre las opiniones. Los primeros tres niveles de comunicación (las conversaciones generales, los hechos y las opiniones) caben dentro de la categoría del conocimiento. Sin embargo, Pablo nos invita al área del amor que encierra los últimos tres niveles de la comunicación. Al intercambiar nuestros sentimientos, deseos y creencias, se nos da una tremenda oportunidad de poner el amor en acción.

Pablo demuestra esto en 1 Corintios 8. Termina dando una profunda disertación sobre por qué está bien comer la carne sacrificada a los ídolos. Con todo, concluye diciendo que él dejaría de comer carne si eso fuera un problema para los corintios; simplemente lo dejaría de hacer (ver versículo 13). ¿Por qué? Porqué él sabe que el amor es lo más importante. En nuestros matrimonios, también debemos pasar de los problemas a la esencia de los problemas. Todo el mundo tiene conocimiento sobre ciertos temas; el punto es que usted no permita que ese conocimiento lo envanezca. En vez de eso, decida llegar más profundo a la intimidad y el amor.

3. Sepa cuándo no hablar

Si usted no logra pasar de intercambiar opiniones al siguiente nivel, resista el deseo de volver a exponer su caso. En vez de agregar más leña al fuego, agregue el bálsamo de escuchar y ser compasivo. Proverbios 26:20 dice: «Sin leña se apaga el fuego». El mismo principio se aplica a la negatividad de nuestras relaciones. Cuando cortamos el suministro de combustible, es decir, las respuestas agrias, la cantaleta y el mal tono, la calma regresará rápidamente.

La razón principal por la que seguimos enfatizando la importancia de permanecer en armonía es que el sexo es detestable o casi no existe cuando una pareja está peleando, discutiendo o, peor, intentando ganar una pelea. Ganar una pelea es por lo general el final del sexo. ¿Vale la pena distanciarse? Por eso, conocer las herramientas sencillas de la comunicación es tan importante para permanecer en armonía el uno con el otro. Mientras más profunda sean la comunicación y la armonía, más satisfactorio para los dos será el sexo.

Usted puede practicar esta clave para una comunicación estupenda sin importar el tamaño del problema. Proverbios 13:3 aún aplica: «El que refrena su lengua protege su vida, pero el ligero de labios provoca su ruina». Amy y yo (Ted) tenemos problemas por la crema dental. ¡Puede sonar tonto, pero realmente hemos tenido discusiones profundas e intercambiado algunas opiniones fuertes sobre cómo la crema dental debe ponerse en el cepillo de dientes e incluso cuánta cantidad debe utilizarse! A mí me gusta cuando la crema dental hace espuma en ambos lados de mi boca hasta que no puedo contenerla. Me hace sentir más limpio y, además, me ayuda a limpiar la parte inferior de mi rostro. Amy, que es la más educada de los dos, se cepilla de una manera rítmica y utiliza cantidades más pequeñas de crema dental. Ella ha intentado explicarme que una cantidad de crema dental del tamaño de una arveja hace el mismo trabajo que una gran cantidad. Yo no estoy de acuerdo, pero probablemente a usted le gustaría más ver a Amy cepillarse los dientes que a mí.

La Biblia dice: «El necio muestra en seguida su enojo» (Proverbios 12:16). Un necio no se toma el tiempo de pensar, sino simplemente deja salir las palabras. Al igual que la crema dental en el tubo, una vez que las palabras han salido, no se pueden volver a guardar. Utilice los problemas pequeños, como la crema dental, para aprender a refrenar su lengua. Eso puede significar darse un tiempo. Tal disciplina puede hacer mucho para ayudarle a honrar a su cónyuge. Luego, cuando aparezcan los problemas más grandes, tendrá la sabiduría y el conocimiento para saber cuándo no debe hablar.

4. Utilice pocas palabras

Cuando sea apropiado hablar sobre un problema, utilice siempre pocas palabras. Recuerde que menos es más. Proverbios 10:19 dice: «El que mucho habla, mucho yerra; el que es sabio refrena su lengua». Obviamente, la Biblia no desmotiva a tener una conversación sana y edificante, pero yo creo que sí nos desafía a ser expertos en nuestro lenguaje. Eso significa elegir las palabras con cuidado, lo que naturalmente hará que utilicemos menos.

¿Recuerda usted cuando los profesores de la clase de español calificaban sus ensayos? Normalmente encerraban algunas palabras en rojo y le recordaban no empezar cada frase de un párrafo con la misma palabra. Sin embargo, con frecuencia cuando hablamos tenemos la tendencia a empezar todas las frases con la misma palabra, y esa palabra es «yo» o «tú». A veces tomamos las cosas como algo personal y nos comunicamos con un lenguaje acusador. Por eso es importante utilizar palabras diferentes. Sea creativo. Piense en diferentes frases y expresiones cuando no esté en medio de un conflicto. Eso significa que si el mismo asunto sigue apareciendo, como el problema del dinero, utilice palabras diferentes y más edificantes para tratar un tema determinado. A la vez, recuerde reducir sus palabras al mínimo. La Biblia dice: «En las muchas palabras no falta pecado» (Proverbios 10:19 Reina Valera 1960). ¡Algunas veces no decir nada y solo escuchar es la mejor respuesta!

Norma y yo (Gary) somos totalmente opuestos en la forma en que nos comunicamos. Yo hablo para pensar, mientras que ella piensa y luego habla. Yo no tengo el interruptor que le dice a la persona promedio: *Quizás no debería decir esto*. Ha sido difícil para mí quedarme callado, pero durante los años he visto lo poderoso que es simplemente escuchar.

Hace poco estábamos conduciendo por las montañas de Colorado y teníamos una discusión sobre un asunto de dinero. La conversación empezó a caldearse, y a mí no me gustaba el tono criticón que ella tenía. Me estaba empezando a poner de mal genio cuando Santiago 1:19 llegó a mi mente. Recordé: *¡Smalley, cierra la boca!* Probé hacer algo que me sorprendió. Simplemente empecé a escuchar y hacer preguntas.

—¿Cuánto pagarías por una empleada del servicio? —pregunté.

—Olvídalo —respondió ella.

—No, realmente me interesa saber cuánto cobra una empleada de servicio en promedio a la semana.

—Ah, más o menos cuarenta o sesenta dólares por día —respondió—. Era más económico cuando yo utilizaba los servicios de la persona con necesidades especiales donde vivíamos antes, ¿recuerdas?

—Sí, la recuerdo —respondí—. Me gustaba su trabajo.

—Pero hoy las personas cobran más —continuó.

—¿Tienes a alguien en mente? —pregunté.

—Sí, pero a ti no te interesa.

—¿Quién es?

—Daisy —dijo con vacilación.

—¿Daisy? —reflexioné emocionado—. Me gusta. ¿Por qué no la llamas cuando regresemos?.

—Para que lo sepas, trabajar a tiempo completo ahora ha hecho que me sea más difícil hacer los oficios de la casa —confesó—. Que ella vaya solo una vez a la semana me ayudaría mucho a mantener mi mente en el trabajo.

—Entonces, ¿lo que quieres decir es que cuando la casa está sucia o desordenada te cuesta concentrarte en el trabajo? —dije repitiendo amablemente lo que ella acababa de decir.

—Sí —estuvo de acuerdo.

—Eso es en verdad interesante, porque la casa podría estar por completo desordenada y a mí eso no me pasaría por la mente durante el día.

—Realmente somos diferentes, ¿cierto? —observó Norma.

—Sí, pero así es que nos complementamos —respondí.

Lo siguiente que supe es que el ambiente del auto había cambiado y en realidad estábamos disfrutando del camino y la presencia del otro. Seguimos hablando, compartiendo y disfrutando de la armonía de estar juntos, todo porque yo me tomé el tiempo para escuchar de verdad.

5. Escoja las palabras adecuadas

Cuando utiliza las palabras adecuadas, palabras amables, usted puede cambiar el ambiente de su relación. Proverbios dice: «Panal de miel son las palabras amables: endulzan la vida y dan salud al cuerpo» (Proverbios 16:24). Nuestras palabras deben ser utilizadas para edificarnos mutuamente. Sin embargo, con demasiada frecuencia son utilizadas para menospreciar o humillar a la otra persona. Nuestras palabras condimentan nuestras relaciones. ¿Quiere que su relación sea dulce? ¿Deseable? ¿Agradable? Entonces, elija las pa-labras adecuadas.

La Biblia nos da buenos consejos de comunicación cuando dice: «La respuesta amable calma el enojo, pero la agresiva echa leña al fuego» (Proverbios 15:1). Algunas parejas no logran pasar del nivel tres en la comunicación simplemente porque uno de los dos o ambos no se sienten seguros. Cuando nuestro lenguaje está sazonado con la amabilidad y la gentileza, la otra persona naturalmente se siente honrada y segura, lo que la invita a llevar la conversación a un nivel más profundo.

Una de las formas en que yo (Ted) honro a Amy es llamándola con el apodo que le di: «Porcelana». La llamo así porque quiero recordarle verbalmente que no la voy a tratar como si fuera la vajilla que se usa todos los días; quiero que ella sepa que es especial para mí. Después de todo, nosotros cuidamos mucho nuestra vajilla de porcelana. Incluso invertimos mucho dinero comprando un mueble especial para guardarla. Algunas veces le envío un mensaje de texto o un correo electrónico y le digo a mi pequeña Porcelana que la amo. Escoger las palabras adecuadas en una relación naturalmente lleva a la honra, la seguridad y la intimidad... lo que, por supuesto, conduce a una vida sexual estupenda.

En el siguiente capítulo vamos a pasar a la habitación para enseñarle cómo tener una estimulación inolvidable con su cónyuge. ¡No se lo querrá perder!

De GarySmalley.com

P: Cuando éramos novios, él era sincero, compartía sus sentimientos y se sentía relajado conmigo todo el tiempo. Le encantaba estar conmigo. Ahora, después de cuatro años de estar casados, no hay nada de intimidad. Él está muerto en lo que se refiere a mí. Nunca se abre. Nunca dice más de cuatro o cinco frases al día. ¡Siento que me estoy ahogando! Quiero la relación que alguna vez tuvimos. Quiero que la intimidad regrese a nuestro matrimonio. ¿Qué puedo hacer?

R: Cuando las parejas están juntas en un estado en el que pueden sincerarse, la intimidad ocurre naturalmente. En su sentido más básico, la intimidad es la experiencia de sentirse cerca de su esposo y compartir con franqueza cualquier cosa, ya sea sobre sí misma o algo más, con la confianza de sentirse segura, amada y valorada. Esto puede o no incluir palabras. No necesariamente se necesita mucho trabajo o esfuerzo para lograrlo. El error que muchos cometen al saber que quieren experimentar la intimidad y que para esto se necesita estar abierto es enfocarse en intentar ser abierto o crear intimidad. Enfocarse en cualquiera de estas dos cosas hace que llegar a la verdadera intimidad sea más difícil de lo que debe ser. El enfoque más fácil para llegar a la intimidad es concentrarse en crear un ambiente seguro para usted y su esposo. Cuando ambos se sientan seguros, se van a sentir naturalmente inclinados a relajarse y abrirse. Y luego la intimidad sencillamente será algo que venga por añadidura.

Lo que quiero decir con crear un ambiente seguro es que cuando uno tiene un sistema de seguridad de vanguardia dentro del matrimonio, en especial en el área emocional, ser abiertos es muchísimo más sencillo. Cuando usted y su cónyuge saben que ambos están comprometidos en crear un matrimonio seguro, evitan las cosas que los hieren y empiezan a construir una base para una relación estupenda. Idealmente, su hogar debe ser el lugar más seguro que hay en el planeta Tierra para ustedes.

En su búsqueda por tener lo mejor de lo mejor en su matrimonio, quiero motivarlos a que hagan de crear la seguridad una prioridad principal. Empiece este proceso por contestar algunas preguntas básicas, utilizando una escala de uno a diez (siendo diez lo más seguro): ¿Qué tan seguro se siente hoy para abrirse y compartir cualquier cosa con su cónyuge sin la incomo-didad de ser criticado o juzgado? ¿Cómo ha contribuido usted a que haya un ambiente inseguro para su cónyuge? ¿Cómo ha edificado la seguridad en su ambiente marital? ¿Qué hace en respuesta a su cónyuge cuando se siente inseguro?

¿Será que su esposo se sentía más seguro con usted cuando eran novios? ¿Será que él se ha sentido juzgado, menospreciado o condenado por las palabras que eligió o las acciones que realizó? La intimidad que ustedes experimentaron antes era el resultado de la seguridad.

Concéntrese en fomentar la seguridad con su esposo y no la intimidad.

Resumen

Pase más tiempo escuchando que hablando. Trate
de escuchar hasta que entienda.

Hay muchas cosas a las que se les echa la culpa de
los problemas maritales: el sexo, la familia política,
la crianza, los niños, los amigos, el trabajo, los jefes.
Sin embargo, ellos no son la fuente del conflicto.

Sepa cuándo no hablar. Algunas veces el
silencio es saludable.

Cuando deba hablar, aprenda a utilizar las palabras
adecuadas. Las palabras cariñosas pueden
cambiar el ambiente de la relación.

Preguntas para discutir en pareja

¿Te sientes escuchado(a) cuando hablas conmigo?

¿Cómo puedo escucharte mejor cuando hablas?

¿Cuando te describo ante otras personas,
¿qué palabras te *honrarían*?

¿Cuando te describo ante otras personas,
¿qué palabras te *deshonrarían*?

CAPÍTULO 7

Una estimulación inolvidable

Dan no pasó mucho tiempo leyendo libros o hablando con su prometida sobre la luna de miel. Se imaginaba que ya había visto bastantes películas y hablado con suficientes amigos de la secundaria como para saber todo lo necesario sobre sexo. Después de todo, ¿qué tan difícil podía ser tener relaciones sexuales cuando todo el mundo las tenía? Él no era como muchos de los hombres de estos días; todavía era virgen.

Yo (Ted) me reuní con Dan dos años antes de que se casara con Carolyn y tuve el privilegio de guiarlos en la consejería prematrimonial. Una de mis partes favoritas de la consejería prematrimonial es salir con el hombre a jugar golf o pescar un par de semanas antes de la boda. Durante esta salida, hablamos sobre lo básico del sexo marital. Discutimos todo, desde la eyaculación precoz hasta el dolor que una mujer puede experimentar durante su primera vez (estos asuntos rara vez se tratan en las películas o son discutidos por los amigos en los vestidores).

—Dan, es muy probable que no logres aguantar ni cinco minutos antes de tener un orgasmo —dije.

—¿Cómo así? —exclamó al ser sorprendido desprevenido y agradecido de que fuéramos los únicos en el campo de golf ese día.

—Bueno, la mayoría de los hombres no tienen una resistencia para el sexo —expliqué—. Nos excitamos muy rápido y podemos terminar muy pronto. Tienes que dar algunos pasos a fin de que tú y tu esposa estén preparados para esa primera noche juntos.

—¿Qué puedo hacer? —preguntó Dan.

Pude decir por su expresión que en ese momento Dan hubiera deseado haber leído algunos libros y no solo haber escuchado a sus amigos.

—No te preocupes —lo animé—. Tengo un secreto que alguna vez un hombre compartió conmigo y me ayudó en nuestra noche de bodas: el condón es tu mejor amigo en la luna de miel.

—Pero estamos planificando con pastillas —protestó Dan.

—El propósito de los condones no es la planificación familiar, sino darte mayor resistencia. Si puedes aguantar hasta que ella te lo ponga (incluso hombres estupendos han fracasado en esto), eso te permitirá resistir tres o cinco minutos más.

—¡Tienes que estar bromeando! —gritó Dan—. No voy a ir a la tienda a comprar condones; me da pena.

—¿La amas? —pregunté.

—Claro —respondió Dan.

—Entonces haz lo que más demuestra tu amor.

No necesito decir que la resistencia de Dan aumentó dramáticamente en su luna de miel, lo que le trajo placer a su nueva esposa y a él mismo. Algunas veces me pregunto por qué nadie había compartido esto con Dan antes de ese día en el campo de golf. Este es el tipo de cosas que a los hombres les da pena hablar, pero no poder satisfacer a la mujer de nuestros sueños y llevarla al orgasmo es mucho más penoso, porque eso amenaza nuestra virilidad. (En la sección «Respuestas a las preguntas más importantes», al final de este libro, compartiremos las formas en que los hombres y las mujeres pueden prepararse para la luna de miel.)

En este capítulo, vamos a explorar la estimulación y lo que se necesita a fin de crear el ambiente para el mejor sexo de su vida. Usted va a aprender sobre la química de una buena relación sexual, el modelo para una relación sexual estupenda que se encuentra en Cantares 4, y cómo manejar algunas de las inseguridades comunes que pueden llevar los hombres y las mujeres a la habitación.

La química del sexo

En el libro *El cerebro femenino* de la doctora Louann Brizendine, neuropsiquiatra de la Universidad de California, ella observa que durante el orgasmo masculino se libera la oxitocina química en el cerebro. Lo interesante es que en las mujeres el mismo químico, la oxitocina, es liberado en el cerebro durante una conversación significativa. Eso significa que para su esposa puede ser tan excitante y agradable conectar con usted emocionalmente como hacerlo sexualmente.[1]

Para su esposa puede ser tan excitante y agradable conectar con usted emocionalmente como hacerlo sexualmente.

La química de una estimulación estupenda empieza mucho antes de llegar a la habitación. Todo vuelve a la siguiente ecuación:

Honra ➜ Seguridad ➜ Intimidad ➜ Sexo

Las mujeres naturalmente quieren estar conectadas con los hombres. Están diseñadas para ello. Para las mujeres, la estimulación empieza temprano en la mañana. Eso quiere decir que vale la pena que los hombres se levanten temprano simplemente para estar con sus esposas. Tómese el tiempo para comunicarle que usted quiere estar con ella mientras toma una ducha, se afeita y se lava los dientes. Luego, busque oportunidades para atenderla. Pasar la aspiradora puede ser muy sexy. Para algunas mujeres, nada dice «te deseo» tanto como algunas vueltas por la sala con la Hoover. Cuando usted le expresa su amor durante la limpieza de la casa, ella lo que escucha es que como usted la valora, la ayuda con los oficios de la casa, los niños o cualquier cosa que ella tenga que hacer en el hogar. Ese sentimiento de honra y amor que ella percibe de usted es el que profundiza la conexión. Cuanto más conectada se sienta con usted, más va a desear su contacto. Deje que la química de su esposa trabaje para usted.

Durante el día, busque oportunidades de intercambiar contacto no sexual. Tómela suavemente de la mano. Abrácela. Escúchela. Pregúntele cómo estuvo su día. Mírela a los ojos y dígale cuánto la valora. ¡A medida que la honre y la haga sentir segura, se dará cuenta de que ella se va animando lenta pero continuamente hasta que esté lista!

Sin embargo, nunca se olvide de que la mayoría de mujeres tiene un sistema de radar incluido que les permite detectar si usted habla con ellas, las ayuda con el oficio o las toca solo para estimularlas a tener relaciones sexuales. De lo que estamos hablando aquí es de un amor y un cuidado genuinos hacia la mujer que Dios le ha dado para honrar y proteger hasta que la muerte los separe. Para una mujer es fácil diferenciar cuándo su cónyuge lo que quiere es ir a la habitación y cuándo realmente la ama porque es su mejor amiga y amante. Si a un hombre le falta la habilidad de amar de una manera genuina, es ahí cuando Dios entra en escena. Él es el dador de un amor duradero y sorprendente, y puede brindarle un manantial profundo de devoción genuina a cualquier hombre que lo busque.

Cantares 4

El amado

[1]¡Cuán bella eres, amada mía!
  ¡Cuán bella eres!
Tus ojos, tras el velo, son dos palomas.
Tus cabellos son como los rebaños de cabras
  que retozan en los montes de Galaad.
[2]Tus dientes son como ovejas recién trasquiladas,
  que ascienden luego de haber sido bañadas.
Cada una de ellas tiene su pareja;
  ninguna de ellas está sola.
[3]Tus labios son cual cinta escarlata;
  tus palabras me tienen hechizado.
Tus mejillas, tras el velo,
  parecen dos mitades de granadas.
[4]Tu cuello se asemeja a la torre de David,
  construida con piedras labradas;
de ella penden mil escudos,
  escudos de guerreros todos ellos.
[5]Tus pechos parecen dos cervatillos,
  dos crías mellizas de gacela
  que pastan entre azucenas.
[6]Antes de que el día despunte
  y se desvanezcan las sombras,
subiré a la montaña de la mirra,
  a la colina del incienso.

[7]Toda tú eres bella, amada mía;
  no hay en ti defecto alguno.
[8]Desciende del Líbano conmigo, novia mía;
  desciende del Líbano conmigo.
Baja de la cumbre del Amaná,
  de la cima del Senir y del Hermón.
Baja de las guaridas de los leones,
  de los montes donde habitan los leopardos.

⁹Cautivaste mi corazón,
hermana y novia mía,
con una mirada de tus ojos;
con una vuelta de tu collar
cautivaste mi corazón.
¹⁰¡Cuán delicioso es tu amor,
hermana y novia mía!
¡Más agradable que el vino es tu amor,
y más que toda especia
la fragancia de tu perfume!
¹¹Tus labios, novia mía, destilan miel;
leche y miel escondes bajo la lengua.
Cual fragancia del Líbano
es la fragancia de tus vestidos.

¹²Jardín cerrado eres tú,
hermana y novia mía;
¡jardín cerrado, sellado manantial!
¹³Tus pechos son un huerto de granadas
con frutos exquisitos,
con flores de nardo y azahar;
¹⁴con toda clase de árbol resinoso,
con nardo y azafrán,
con cálamo y canela,
con mirra y áloe,
y con las más finas especias.
¹⁵Eres fuente de los jardines,
manantial de aguas vivas,
¡arroyo que del Líbano desciende!

La amada
¹⁶¡Viento del norte, despierta!
¡Viento del sur, ven acá!
Soplen en mi jardín;
¡esparzan su fragancia!
Que venga mi amado a su jardín
y pruebe sus frutos exquisitos.

Un modelo para un sexo estupendo en Cantares

Prepare la habitación

Después de once años de matrimonio, Amy y yo hemos introducido algo nuevo en nuestra habitación: música. Tengo una «selección de canciones para hacer el amor» en mi iPod y una estación de conexión en la mesa de noche. (Para las personas que nacieron antes de 1960, una estación de conexión no es un juguete sexual extraño. Se trata de un juego de altavoces, similar a un radio). El iPod está cargado con canciones de todo tipo de música y de todas las décadas a partir de 1970. Hay de todo allí: desde música de alabanza hasta un poco de country. Toda esta música nos ayuda a relajarnos.

Prepare la habitación. Salomón lo hizo. Yo lo hago. A continuación encontrará algunas formas prácticas de preparar la habitación para hacer el amor:

1. *Limpie la habitación.* Obviamente, una habitación limpia genera menos distracciones.

2. *Deshágase de los monitores de bebés y cualquier cosa que diga «¡bebé!»* Recuerde que no quiere distracciones.

3. *Coloque un regulador de luz en el interruptor.* Puede comprar un regulador de luz por menos de diez dólares en una tienda local donde vendan productos para el hogar.

4. *Ponga el termostato en la temperatura adecuada.* Mi esposa puede notar la diferencia entre veintiún y veintidós grados. He perdido la cuenta de las veces en nuestro matrimonio en las que ha pedido que ajuste la temperatura de veintiún a veintidós grados. Ella no quiere empezar la relación sintiendo frío.

5. *Tenga una cobija adicional.* Dependiendo de la estación, una cobija adicional lo puede calentar rápido. Es sorprendente como uno puede empezar cubierto hasta el cuello y diez minutos después estar lanzando todas las cobijas de la cama. ¡El sexo es estupendo!

6. *Instale una chimenea.* ¡Es una broma! La idea es que esta lista sea práctica. Pero si puede, hágalo.

7. *Coloque velas alrededor de la habitación.* Si se siente inseguro sobre su cuerpo, utilice velas pequeñas. Una vela pequeña en una de las esquinas puede hacerle entrecerrar los ojos, pero per mite que la imaginación vuele.

8. *Tenga lociones a la mano.* Un buen masaje es una manera estupenda de estimular.

9. *Conecte ambientadores de aire.* Esto le da un olor dulce a la habitación.

10. *Tenga el envoltorio del condón abierto en la mesa de noche.* Nada es más frustrante que llevar veinte o treinta minutos en la estimulación y luego tener que luchar para poder abrir el pequeño envoltorio.

11. *Tenga toallas o batas listas para después.* La preparación para el aseo es importante. Como nuestro amigo el doctor Kevin Leman dice: «Si no necesita bañarse después, el sexo no fue tan bueno».

Ahora bien, no todas las veces va a tener una relación sexual que dure horas (hablaremos sobre los «rapiditos» en el capítulo nueve), pero esta lista es para esas veces en las que usted quiere que hacer el amor sea algo muy especial.

Afírmense mutuamente con las palabras

Una buena estimulación empieza mucho antes de que realmente haya un contacto físico y continúa una vez que el contacto físico se establece. Empieza con las palabras que ustedes se dicen mutuamente.

En su antiguo libro, Salomón ofrece un hermoso cuadro de lo que significa descubrir verbalmente a la pareja. Él sabe que para cada pareja inocente, desvestirse ante la persona que uno ama es un regalo y un placer. En el capítulo 4 de Cantares, leemos sobre la calurosa noche de bodas del rey. La mujer sulamita, su nueva esposa, va a desvestirse frente a él con las luces encendidas, pero él no la toca de inmediato. Por el contrario, empieza hablándole suave y amorosamente: «¡Cuán bella eres, amada mía! ¡Cuán bella eres! Tus ojos, tras el velo, son dos palomas. Tus cabellos son como los rebaños de cabras que retozan en los montes de Galaad» (4:1). Esas palabras pueden sonar muy extrañas actualmente, pero imagínese una montaña con todo un rebaño de cabras que van bajando, mientras llenan cada grieta y hendidura. En multitud corren por la parte frontal de la montaña: una vista hermosa. Las cabras también representaban prosperidad. Salomón describe el cabello de su esposa como hermoso y rico. En la cultura hebrea antigua, las mujeres llevaban el cabello recogido. Así que el hecho de que Salomón haya dicho eso significa que ella estaba empezando a exponerse ante él: se había quitado los ganchos del cabello. Sus largos y suaves mechones caían sobre sus hombros.

Ella le sonríe a medida que se va descubriendo. «Tus dientes son como ovejas recién trasquiladas, que ascienden luego de haber sido bañadas. Cada una de ellas tiene su pareja; ninguna de ellas está sola», dice Salomón (4:2). Básicamente le está diciendo que su sonrisa es encantadora porque deja ver unos dientes blancos, rectos y atractivos. Luego sigue afirmándola con sus palabras: «Tus labios son cual cinta escarlata; tus palabras me tienen hechizado. Tus mejillas, tras el velo, parecen dos mitades de granadas. Tu cuello se asemeja a la torre de David» (4:3).

Lo que queremos escuchar en la habitación

Lo que las mujeres quieren escuchar	Lo que los hombres quieren escuchar
«En ti no hay defecto alguno».	«Tengo ganas».
«Me encanta lo que te has hecho en el cabello en estos días».	«Variemos un poquito esta noche».
«Me siento más atraído hacia ti hoy que cuando nos casamos».	«Ah, sí. Justo ahí».
«Me dejas sin aliento».	«Estuvo estupendo».
«Soy muy bendecido».	«Llegué».

Ella no solo tiene mejillas rozagantes, sino que también se conduce con respeto, dignidad y alegría. Con este comentario, Salomón no solo habla de lo que ve, sino también de lo que no puede ver con los ojos físicos. Salomón la anima recordándole que no solo tiene una belleza natural, sino también una belleza interior: ella camina con respeto y autoestima. La nobleza emana de las partes más internas de su ser.

Al descubrirse mutuamente, es importante saber que su cónyuge en realidad lo quiere hacer. Salomón le saca provecho a esto en su noche de bodas a medida que su esposa se desviste. Le dice: «Tus pechos parecen dos cervatillos, dos crías mellizas de gacela que pastan entre azucenas» (4:5). Cuando él ve sus senos, celebra su cuerpo. Pero hace algo más: le deja saber la forma en que se le va a acercar.

Donde nosotros vivimos (los Cunningham), hay alrededor de diez venados que deambulan por nuestro barrio libremente. Nos hemos acostumbrado tanto a verlos que les hemos puesto nombre a todos. Ahora bien, cuando quiero que mi hija vaya y vea los venados, tengo que ser muy cuidadoso con la forma en que me acerco. No nos acercamos corriendo o haciendo mucho ruido, sino que nos acercamos amable y calmadamente.

Esa es la forma en que muchas mujeres quieren que se les acerquen. En la noche de bodas de Salomón, él mira cómo su esposa se desviste y le revela su cuerpo desnudo. Sin embargo, no va a permitir que todas las fantasías sexuales que ha tenido con ella salgan a relucir en ese momento. Sus senos son como venados y Salomón se acerca a ellos suavemente. Es suave y tierno.

Lo que más desea una mujer de un hombre es *ternura*.

Lo que más desea un hombre de una mujer es *respuesta*.

Así como la mujer anhela la ternura, el hombre desea que la mujer le responda. Eso significa que cuando una mujer llega al orgasmo, el hombre quiere saberlo. Parte de su placer viene de saber que ha complacido a su esposa.

Préstele atención a los gestos

¡Los gestos que usted hace durante la estimulación pueden ser más importantes de lo que se imagina! En su investigación sobre el cerebro femenino, la doctora Brizendine descubrió que una de las primeras cosas que el cerebro impulsa a hacer a una niña es estudiar los rostros. De hecho, durante los primeros tres meses de vida, las habilidades de una bebé para hacer contacto visual y contemplar un rostro aumentan en más de un cuatrocientos por ciento, mientras que las habilidades de un bebé para contemplar un rostro en este tiempo no aumentan nada.[1]

A medida que las bebés crecen, logran interpretar que un rostro sin emoción que se voltea hacia ellas es una señal de que no están haciendo algo bien. ¿No es esto interesante? Yo (Ted) he observado que si no soy cuidadoso, puedo hacer llorar a mi hija sin intención solo con un gesto. No obstante, si le hago la misma cara a mi hijo, él la va a ignorar por completo.

Ahora bien, esto es lo importante: las chicas buscan una respuesta gestual de las personas. En otras palabras, las niñas tienden a crecer pensando que si hacen todo bien, van a conseguir la reacción que esperan. Esto puede llevarlas a creencias poco sanas como: «Si hago las cosas bien, él me va a amar». ¿Puede imaginarse el impacto tan negativo que un padre insensible (o un padre que maltrate o un padre deprimido) puede tener sobre el sentido de autoestima que se empieza a desarrollar en una niña?

Piense en sus gestos durante el día. ¿Cómo le responde a su cónyuge? Cuando empieza la estimulación, ¿la mira? ¿Le sonríe? ¿Qué comunica su rostro? Permítame darle un ejemplo real de cómo las expresiones faciales afectan la estimulación y la comunicación.

Una ceja levantada, voltear los ojos descuidadamente y una sonrisa burlona no eran parte de lo que Janel definía como intimidad sexual. La postura desgarbada de Mike, sus brazos cruzados y su enojo eran algo normal en nuestras sesiones de consejería, así que no me sorprendió cuando su rostro y su lenguaje corporal lo traicionaron cuando ella explicaba que deseaba el romance. Mike era un clásico pasivo-agresivo: decía las palabras correctas, pero nunca en la forma debida. Pronunciaba las palabras que Janel quería, pero por lo general con un tono sarcástico. Janel se cansó del descuido de Mike y llegó al punto que ni siquiera quería que él dijera las palabras «te amo» más.

—Cada vez que dice "te amo", no le creo —dijo ella—. El desdén y el sarcasmo están escritos en su rostro.

—Mike, ¿sabes lo que comunica el sarcasmo? —pregunté.

—Solo meto la pata —respondió Mike con sus ojos hacia el piso.

—Yo vivo metiendo la pata, Mike. Yo también soy sarcástico, pero estoy aprendiendo cuándo y dónde puedo serlo, y me he dado cuenta de que los gestos sarcásticos no resultan en la habitación. De hecho, este tipo de expresiones desanima a las mujeres. El sarcasmo, en su significado más básico, es burlarse al exagerar lo obvio, pero puede ser mucho más profundo que eso, y en la habitación puede ser algo muy ofensivo. En un nivel mucho más profundo, el sarcasmo puede ser interpretado como la intención de herir o insultar, y con frecuencia se utiliza como una máscara para la ira. Significa hacerse daño a uno mismo.

—¿Es que ella no puede aceptar una broma? —respondió Mike.

—Sí, quizás sobre la camisa que te compró que tenía un estampado horrible o la forma en que es maniática de la limpieza... pero no cuando ella está desnuda en la cama —respondí.

—¿Mi rostro le transmite todo eso? —preguntó.

—Quizás no todo viene de tu rostro, pero más o menos un noventa por ciento sí —respondí.

Mike aprendió varias lecciones importantes ese día sobre la estimulación, los gestos y la comunicación. Ahora él sabe que solo un **siete** por ciento de nuestra comunicación es a través de las palabras (esto es fundamental para entender la buena comunicación, como lo hablamos en el capítulo pasado), mientras que un noventa y tres por ciento de nuestra comunicación se da de manera no verbal (por el tono de voz, la postura, el contacto visual, los movimientos faciales, de las cejas, las fosas nasales, y cosas por el estilo). Piense en cómo esto se da en la habitación. Es una clave para lograr una intimidad sexual mayor en su matrimonio.

Cómo manejar las inseguridades

Aunque se ha dicho que las mujeres tienen problemas con la imagen de su cuerpo, la verdad es que tanto hombres como mujeres luchan con las inseguridades sobre su cuerpo.

Debo admitir que tengo problemas con mi cuerpo. Mientras escribía este libro, pasé algún tiempo acampando con la familia de mi esposa en Minnesota: montamos en bote, pescamos e hicimos todo ese tipo de cosas. Quitarme la camiseta frente a familiares o extraños me llena de ansiedad. Puedo hablar frente a miles de personas un mes sin sentir ni un poco de temor o sin temblar, pero quitarme la camiseta en un bote con un tío anciano y un tatarabuelo me hace sentir vergüenza. Es la misma lucha que tuve en séptimo grado cuando había que hacer dos equipos en la clase de gimnasia, y para diferenciar ambos equipos uno jugaba sin camiseta y otro con ella puesta. Era la manera más rápida y sencilla de distinguir a los miembros del equipo contrario, pero sentía mucha vergüenza cada vez que terminaba en el equipo que debía jugar sin camiseta.

¿De dónde viene ese miedo? Gary me ha estado enseñando tanto acerca de la importancia de las creencias que he terminado por pasar tiempo todos los días buscando el tesoro en mi propio corazón. Quiero conocer las profundidades de mi corazón y examinar los mensajes que han sido escritos en él. Al examinar mi corazón, he encontrado algunos de los mensajes que me han producido gran inseguridad cuando estoy sin camiseta.

Crecí en una iglesia bautista independiente, fundamentalista, premileniarista, basada únicamente en la versión King James. A mi hermano y a mí no se nos permitía ponernos pantalones cortos, o ni siquiera podar el césped sin tener la camiseta puesta. Cuando íbamos a los baños públicos, nunca utilizábamos los orinales. Siempre entrábamos a los compartimentos cerrados. Crecí con una privacidad exagerada en lo que se refiere a mi cuerpo.

El hogar en el que creció determina la forma en que percibe su cuerpo.

Probablemente usted puede imaginar las creencias (nivel seis de comunicación) que había en mi corazón cuando Amy y yo nos casamos. Yo traje a nuestro matrimonio veinte años de inseguridades. En el Wrigley Field, el hogar de mi amado equipo Chicago Cubs, los orinales en los baños de los hombres son abrevaderos de treinta metros de largo. No hay paredes, no hay algo que divida, no hay nada ... ¡mi peor pesadilla!

Hasta hoy, a mis treinta y tres años, todavía compro cien dólares de mercado que no necesito solo para poder esconder los condones en la parte de abajo del carrito. El hogar en el que creció determina la forma en que percibe su cuerpo.

Características físicas de los hombres que crean inseguridad

1. El tamaño del pene
2. Estar circuncidado o no
3. Rollitos en la cintura
4. Cicatrices por el acné
5. Demasiados vellos
6. Tatuajes

En nuestra luna de miel, literalmente me desvestía debajo de las sábanas o en una habitación oscura, y no en frente de mi esposa. Es por eso que estoy tan convencido de que las creencias sobre nuestras inseguridades físicas son esenciales en las conversaciones prematrimoniales y deben ser habladas antes de la noche de bodas.

Durante los últimos once años, Amy y yo hemos desarrollado una gran seguridad en nuestro matrimonio. Me siento seguro con ella y eso ha eliminado muchas de las inseguridades que tenía sobre mi cuerpo. Amy conoce las creencias que guardo en el corazón. Yo le confío mi corazón, y eso trae bastante seguridad a nuestro matrimonio.

Creo que Salomón da una de las mejores respuestas a las inseguridades que tanto hombres como mujeres enfrentan cuando dice: «Toda tú eres bella, amada mía» (4:7). Para aquellos que tienen problemas cuando se trata de aceptar su cuerpo, el comentario de Salomón es tan cierto hoy como lo era cuando lo dijo hace miles de años. De alguna manera, ¿no es eso lo que todo hombre y mujer desean escuchar? «¡Todo(a) tú eres hermoso(a) para mí!»

Salomón continúa diciendo: «No hay en ti defecto alguno». Esa es la respuesta que todos deseamos escuchar cuando exponemos nuestros cuerpos el uno al otro.

Cuando su esposa le pregunte cómo se le ve un vestido, solo hay una respuesta: «Toda tú eres hermosa para mí». Cuando él pregunte si su barriga está demasiado grande, solo hay una respuesta: «Todo tú eres hermoso para mí». Y cuando ella haga la pregunta más temible de todas: «¿Me veo gorda con este pantalón?», solo hay una respuesta posible: «Toda tú eres hermosa para mí».

Tanto los hombres como las mujeres desean escuchar: «Todo(a) tú eres hermoso(a)», pero es fácil dañar ese mensaje si usted se involucra con la pornografía. Yo creo que la pornografía es tan dañina para una mujer como una aventura. Si usted ve pornografía, lo que está mirando son mujeres que probablemente han sido abusadas cuando niñas. Está viendo mujeres que quizás no comen bien. Está viendo mujeres que tal vez tuvieron una mala relación con sus padres. Mujeres que se han hecho cirugía plástica e implantes. Y mujeres que se han regalado a una industria en la que ellas no importan. Usted ve eso y obtiene placer con ello. ¿Sabe lo que le está diciendo a su esposa al hacer tal cosa? Le está diciendo: «Toda tú *no* eres hermosa».

Cuando un hombre satisface sus fantasías sexuales por fuera del matrimonio, afecta la seguridad y la intimidad del matrimonio. Satisfacer los deseos sexuales por fuera del matrimonio trae un placer de corta duración con frustración, culpa, resentimiento, ira y remordimiento a largo plazo.

Cuando usted ama a su cónyuge incondicionalmente, lo que dice es: «Te amo porque Dios ha puesto en ti su sello personal». Varias cosas suceden cuando usted empieza a amar a su cónyuge de forma incondicional:

- Eliminan la falta de ternura e intimidad.
- Ya no son más adversarios.
- Se esfuerzan por darse placer mutuamente.
- El sexo ya no gira alrededor de los deseos y las necesidades de una sola persona.
- Permanecen comprometidos con el matrimonio.
- Se comunican más libremente.

Apague las luces

Cada vez que realizo una boda, siempre le hablo al novio mientras la novia camina por el pasillo. Trato de parecer lo más pastoral que puedo antes de inclinarme hacia el novio y hacerle el siguiente comentario: «Así es lo más bonita que las vas a ver». El novio por lo general me mira un poco confundido. Luego, le explico: «Ella se va a ver estupenda hoy e incluso esta noche… ¡pero en algunos meses te vas a acostumbrar a verla en ropa de diario y más cómoda!»

¿Para qué otro acontecimiento aparte de una boda usted empieza a prepararse desde las cinco de la mañana para una reunión que va a tener lugar a las tres de la tarde? Cada detalle es cuidado a la perfección. Como resultado, la mayoría de las bodas son sucesos hermosos. ¡Y así debe ser! Sin embargo, no podemos pasar de cuatro a diez horas cada día arreglándonos.

Desde que Amy y yo nos casamos, he subido trece kilos. Sé que no soy la última Coca-Cola del desierto. Pero la buena noticia es que se pueden apagar las luces. Con el resplandor leve de una vela, el campo de juego queda empatado. Unas pocas arrugas, cicatrices o incluso unos kilos de más desaparecen.

Casarse por la apariencia no es el plan a largo plazo. Esa no es la seguridad que uno busca y que va a crear la intimidad. Al inicio, uno se siente atraído hacia una persona por su apariencia, pero el matrimonio no crece y triunfa basado en el peso, el cabello, los músculos o la piel suave.

Nuestra apariencia cambia rápidamente. Salomón escribió otro libro maravilloso llamado Eclesiastés. Cuando casi está a punto de terminar, ese libro lleno de sabiduría nos recuerda que todos envejecemos y nuestros cuerpos se desvanecen:

Acuérdate de tu Creador en los días de tu juventud,
antes que lleguen los días malos y vengan los años en que digas:
«No encuentro en ellos placer alguno»;
antes que dejen de brillar el sol y la luz,
la luna y las estrellas,
y vuelvan las nubes después de las lluvias.
Un día temblarán los guardianes de la casa,
y se encorvarán los hombres de batalla;
se detendrán las molenderas por ser tan pocas,
y se apagarán los que miran a través de las ventanas.
Se irán cerrando las puertas de la calle,
irá disminuyendo el ruido del molino,
las aves elevarán su canto, pero apagados se oirán sus trinos.
Sobrevendrá el temor por las alturas y por los peligros del camino.
Florecerá el almendro,
la langosta resultará onerosa,
y no servirá de nada la alcaparra,
pues el hombre se encamina al hogar eterno
y rondan ya en la calle los que lloran su muerte.

Acuérdate de tu Creador antes que se rompa el cordón de plata
y se quiebre la vasija de oro
y se estrelle el cántaro contra la fuente
y se haga pedazos la polea del pozo.
Volverá entonces el polvo a la tierra, como antes fue,
y el espíritu volverá a Dios que es quien lo dio.
(Eclesiastés 12:1-7)

Estos pasajes me recuerdan a una mujer anciana que invitó a su esposo a subir al segundo piso para hacer el amor. Después de escuchar su solicitud, él le dijo que debía elegir una de las dos cosas.

Una señora mayor de nuestra iglesia siempre me cuenta la pasión que ella y su esposo comparten regularmente. Siempre dice: «Ted, yo podría enseñarles a ustedes los jóvenes muchas cosas sobre el sexo». Ella me ha contado que evitan pararse desnudos al frente de espejos porque eso los desanima. Y a su edad, tampoco utilizan velas.

Sáltese el beso francés; en vez de eso, pruebe el beso hebreo

Besarse larga, profunda y apasionadamente durante la estimulación prepara a su esposa para el sexo. Lo que esto comunica es: «Estoy listo y quiero unirme a ti». Hombres: No subestimen el poder que tiene besar en la estimulación. No se salten los besos y la suave exploración del cuerpo de su esposa. Esto la prepara para la relación sexual.

Salomón dice: «Tus labios, novia mía, destilan miel; leche y miel escondes bajo la lengua» (4:11). ¿Qué está haciendo él? Probando sus labios y lo que hay debajo de su lengua. ¿Cómo se llama eso? No es un beso francés ... es un beso *hebreo*. ¡El término «beso francés» no se acuñó hasta 1923, mientras que el beso hebreo data de hace más de tres mil años! Dios lo inventó como parte de la estimulación. Salomón compara el beso, la dulzura en la lengua de su amada, con la miel.

Debemos decir algo sobre los besos en el noviazgo: Una de las preguntas que hacen más frecuentemente quienes todavía son novios es si está bien o no besarse durante el noviazgo. Este versículo de Cantares enseña que un beso francés profundo es parte de la estimulación y su propósito es llevar a la relación sexual. Y todos conocemos la diferencia entre un besito en la mejilla, que era una forma común de saludarse entre los creyentes en la época del Nuevo Testamento, y un beso profundo, que está reservado para las parejas casadas.

Otra cosa sobre los besos en general:

Si usted quiere ser feliz, saludable, exitoso y vivir más, déle a su cónyuge un beso antes de irse a trabajar cada día. Esa es la conclusión de un estudio realizado por un grupo de médicos y psicólogos alemanes, en cooperación con algunas compañías de seguros. Según el doctor Arthur Sazbo, en el estudio se encontró que aquellos que besan a su cónyuge cada mañana faltan menos al trabajo por enfermedades que los que no lo hacen. También tienen menos accidentes de auto camino al trabajo. Ganan de un veinte a un treinta por ciento más mensualmente y viven alrededor de cinco años más que los que ni siquiera se dan un besito en la mejilla. La razón de esto, dice el doctor Sazbo, es que quienes dan un beso empiezan el día con una actitud positiva. Un beso significa una especie de sello de aprobación, dicen Sazbo y sus colegas, y ellos creen que los que no lo experimentan, sea por la razón que sea, salen por la puerta sin sentirse muy bien con ellos mismos.

Deje que fluya el manantial

Las mujeres tienen un lubricante vaginal natural que se produce durante la excitación o estimulación sexual. Dependiendo del momento del ciclo menstrual y la estimulación sexual, la lubricación vaginal varía en color, olor y cantidad. En la mayoría de los casos, es clara como cuando el hombre pre-eyacula, no del color lechoso de la eyaculación. La ausencia de lubricación puede hacer que el sexo sea doloroso para la mujer, y se necesita mucha suavidad si el hombre espera lograr la penetración.

En Proverbios, Salomón habla sobre la vagina de la mujer y los genitales del hombre comparándolos con una cisterna y una fuente o manantial. En las épocas antiguas, se construía una cisterna para acumular agua durante la estación de lluvias, que tenía lugar solo unos pocos meses de todo el año.

En Cantares, Salomón escribe: «Cual fragancia del Líbano es la fragancia de tus vestidos. Jardín cerrado eres tú, hermana y novia mía; ¡jardín cerrado, sellado manantial!» (4:11-12). Salomón está diciendo que la mujer está sellada, que es un manantial cerrado. En otras palabras, ella se ha guardado solo para él.

Cuando la besa, ella empieza a responder físicamente. Él dice: «Tus pechos son un huerto de granadas con frutos exquisitos, con flores de nardo y azahar; con toda clase de árbol resinoso, con nardo y azafrán, con cálamo y canela, con mirra y aloe, y con las más finas especias» (4:13-14). Ahora su jardín está en plena floración. Él la huele toda, y disfruta de que esté floreciendo.

Ella responde no solo a lo que él dice sino también a la forma en que él la toca, y Salomón comenta: «Eres fuente de los jardines, manantial de aguas vivas, ¡arroyo que del Líbano desciende!» (4:15). Ella ya no es una fuente cerrada; ahora fluye libremente. La lubricación natural fluye por sus piernas. Está en la cima de la excitación sexual. El deseo y la estimulación la han llevado hasta allí.

Este es el retrato del sexo santo en la Biblia. Algunas veces me siento maravillado de lo increíble que es hacer el amor. En un solo acto, puedo verter mis emociones y sentimientos y con un pequeño toque llevar a mi esposa a un gran placer, expresándole lo que hay en mi corazón por ella. Dios diseñó a las parejas para que tuvieran una vida sexual vibrante. No solo esto es bíblico, esto es parte del plan de Dios.

Lo interesante es que el enfoque del texto está en la mujer, no en el hombre. Toda la energía sexual es vertida en la mujer y en hacerla sentir honrada, segura, hermosa y estimulada. En este punto, está tan excitada que simplemente fluye. Se abre para él. Lo desea mucho, tanto que grita: «¡Viento del norte, despierta! ¡Viento del sur, ven acá!» Lo que ella está diciendo es: «Sé fuerte conmigo ... ¡tómame!»

Mire de nuevo lo que Salomón ha hecho: Se ha preparado para este momento todo el día. Ha hecho que el día sea especial para ella. La ha amado. La ha afirmado. Ha preparado la habitación. Se le acerca con ternura.

Y ella responde. (Está muy bien que las mujeres hagan ruidos durante el sexo; ambos cónyuges deben hablar y animarse mutuamente durante la relación sexual, y hacerle saber al otro lo que les produce placer.)

Espere que el sexo se ponga cada vez mejor

He estado casado durante once años y puedo asegurar que el sexo se vuelve mejor con el tiempo. Hoy estoy más enamorado y más loco por Amy que hace doce años cuando la conocí. La honra y la seguridad, como lo hablamos en los capítulos dos y tres, han sido básicas en el crecimiento de nuestra relación.

No obstante, con relación a la intimidad, ha habido muchas veces durante los últimos años en las que apenas sí he logrado llegar a la relación sexual. Amy y yo nos disfrutamos tanto antes del sexo que casi quedo listo antes de que lleguemos al «acto en sí». Solía sentirme avergonzado por esto, pero Amy y yo hemos llegado a la conclusión de que está bien. Lo que queremos es unidad y conexión más que un orgasmo. Observe que no dije que no quisiéramos un orgasmo. Sí lo queremos. Sencillamente ya no es nuestra principal prioridad. Anhelamos más la unidad y la conexión. Incluso podemos tener estimulación sin tener una relación sexual como tal.

El mundo trata de inculcarnos la creencia de que los verdaderos hombres pueden durar lo que quieran en una relación sexual antes de tener un orgasmo o llegar al clímax. Yo no creo que eso sea cierto. En mi opinión, un verdadero hombre conoce y practica la estimulación desde temprano en la mañana. Puede haber veces en las que usted o su cónyuge terminarán la relación sexual después de un minuto o dos de penetración. Lo más probable es que esas veces tengan lugar después de sesiones de estimulación intensa y prolongada.

Cuanto mayor sea la intensidad y la duración de la estimulación, más rápido llegará al orgasmo. Si el esposo penetra a su esposa sin estimulación, obviamente durará más, en especial si la última eyaculación fue el día anterior o hace poco. Hombres: ¿Alguna vez se han sentido frustrados por lo mucho que toma que su esposa llegue al clímax? El secreto para que su esposa experimente un orgasmo está en la estimulación. Y la estimulación no siempre es lo que sucede treinta minutos antes del sexo. Una buena estimulación empieza temprano en la mañana. La conexión emocional significa una estimulación para su esposa. El apoyo en la casa tambien supone una estimulación para su esposa. En el siguiente capítulo, hablaremos sobre los pormenores del sexo: todas las cosas que los amigos de la secundaria de Dan nunca le dijeron.

De GarySmalley.com

P: *Se supone que debo amar a mi esposo incondicionalmente, pero me fastidia. No usa colonia, así que huele mal gran parte del tiempo. Hace ruidos desagradables. Honestamente, ya no me siento atraída por él. Odio el sexo. Sigo con esta relación y me resigno a estar con él porque me es fiel y la Palabra de Dios dice que no tengo un motivo para divorciarme. ¡Ayúdenme!*

R: Si esperamos que nuestro cónyuge sea la fuente de nuestra felicidad, a la larga vamos a decepcionarnos.

El éxito en el matrimonio no radica en que dos personas permanezcan juntas toda la vida. El matrimonio monógamo no es suficiente. *Definimos el éxito como dos personas que están felices con el matrimonio.*

Es posible que la atracción física los haya unido a ustedes, pero a medida que pasa el tiempo, les aseguro que eso no los va a mantener juntos. La atracción física no es el ingrediente clave para la fidelidad.

Al enfrentarse con la inevitable decepción, muchas personas asumen que se casaron con la persona equivocada. Algunos pueden recurrir a una aventura para recargar las baterías. La carga robada puede encender los circuitos por un momento, pero después de que desaparece el resplandor, se sienten más vacíos y miserables que antes. Incluso si se divorcian y se casan con la «persona correcta», van a encontrar la misma frustración. El problema no es la persona con la que se casan; el problema está en las expectativas de que esa persona los va a hacer felices y a mantener cargados día tras día. Error.

Tarde o temprano nos encontramos con este hecho del que no podemos escapar: ninguna persona en la tierra será capaz de darnos la llenura que anhelamos. Jamás podremos estar conectados con las personas suficientes como para mantener nuestras vidas llenas de la felicidad que deseamos. No es de extrañarse que tantas personas consideren el suicidio como una salida. Si dependemos de que las personas nos hagan felices, no solamente nos perdemos las emociones positivas que anhelamos, sino que también nos llenamos de las mismas emociones negativas que queremos evitar: una frustración profunda, la decepción, el dolor, las preocupaciones, la ansiedad, el temor, la intranquilidad, la incertidumbre y la confusión. Estas emociones son el resultado inevitable de depender de una persona, lugar o cosa para sentirnos plenos. ¿El resultado? No estamos diseñados para que otras personas sean nuestra fuente de energía.

¿Le ha expresado a su esposo su deseo de que huela un poco mejor o vaya al baño para hacer los ruidos desagradables? Un esposo que quiere crear seguridad para su esposa va a tener el deseo de evitar un comportamiento irritante.

¿Ora usted por su esposo? Siempre me ha parecido difícil tener algo contra una persona por la que le oro fervientemente a Dios. Orar por alguien me ayuda a ver a esa persona a través del lente de Cristo. Yo quiero ver a mi esposa como Cristo la ve.

Pensamos que los molestos hábitos de su esposo son frustrantes. No obstante, recuerde el poder de la parcialidad en la confirmación. Si usted cree en su corazón que su cónyuge es molesto, solo buscará comportamientos que sustenten esa decisión. Cuando decida honrarlo y estimarlo como una persona muy valiosa para Jesús, empezará a ver comportamientos que muestren su valor. Y en ese momento estará en el camino correcto para establecer la seguridad en su matrimonio.

¡Mi oración por ustedes es que su matrimonio pase de ser tolerable a ser bueno, y luego de ser bueno a ser estupendo!

Notas

1. Doctora Louann Brizendine, *El cerebro femenino*, Morgan Road Books, Nueva York, 2007, p. 15 del original en inglés.
2. «Kissing», *Bits and pieces*, 25 de julio de 1992, pp. 4-5, citado en *bible.org*, 2007. http://www.bible.org/illus.php?topic_id=860 (visitado el 24 de agosto de 2007).

Resumen

Para la mujer puede ser tan excitante y agradable
conectar con su esposo emocionalmente como hacerlo
sexualmente.

Para la mujer, la estimulación empieza temprano en la
mañana. Los hombres están listos casi todo el tiempo.

Una buena estimulación empieza mucho antes de que las
parejas se toquen y continúa una vez que lo hacen.
Comienza con las palabras que se dicen el uno al otro.

Lo que más desea una mujer de un hombre es
ternura. Lo que más desea un hombre de una
mujer es *respuesta*.

Preguntas para discutir en pareja

¿Puedes darme dos o tres ideas para la estimulación? ¿Qué
es lo que más te agrada?

¿De qué maneras prácticas podemos preparar la habitación
para hacer el amor?

Cuando ves mi rostro durante el día, ¿qué te comunico?
¿Te respondo de la forma que te gusta?

¿Con qué partes de tu cuerpo te sientes inseguro(a)? ¿Qué
puedo hacer para disminuir esas inseguridades?

CAPÍTULO 8

Las tres grandes sexpectativas

Es imposible leer un libro de dos autores de Branson, Missouri, en el que no se mencione la música country. Estamos rodeados de ella en nuestra pequeña ciudad en los Ozarks. Hace varios años, la pareja conformada por Tim McGraw y Faith Hill cantó una maravillosa canción, «Hagamos el amor», sobre el deseo de deleitarse en la unión física (que suena muy parecido a Salomón cuando fue invitado a disfrutar de hacer el amor toda la noche hasta el amanecer):

Hasta que el sol salga, hagamos el amor.

El deseo de hacer el amor toda la noche en comparación con la capacidad real de hacerlo fue una sorpresa para mí (Ted) en mi luna de miel. Amy y yo nos casamos en octubre en Fremont, Nebraska, la ciudad natal de Amy. Parecía más una reunión familiar que una boda. Toda mi familia viajó desde Chicago. Toda la familia de Amy viajó desde Minnesota. El horario del fin de semana fue así:

Viernes
Volé desde Georgia donde trabajaba en una iglesia.
Me reuní con Amy en la iglesia para practicar la canción que iba a cantar en la boda.
Fui al hotel a reunirme con mi familia y amigos.
6:00 p.m. Ensayo
7:30 p.m. Cena del ensayo
8:00 p.m. a 11:00 p.m. Salida con los hombres (a jugar bolos)

Sábado

7:00 a.m. a 11:00 a.m. Golf con los padrinos

1:00 p.m. Fotos

2:00 p.m. Boda

3:00 p.m. Mas fotos

5:00 p.m. Recepción

11:00 p.m. Registrarnos en el hotel para una noche apasionada

¡Sí, cómo no!

Al día siguiente debíamos tomar el vuelo a las seis y cuarenta y cinco de la mañana. Amamos a nuestras familias, pero ser el centro de atención durante dos días puede resultar agotador. Nuestra primera noche no llenó nuestras expectativas. Amy planeaba una noche de pasión y romance. Yo planeaba una noche de resistencia. Nuestras expectativas no se cumplieron.

Para aquellas personas que están leyendo este libro y planean tener sexo durante seis o más horas durante su luna de miel, quiero compartirles una antigua frase hebrea: «¡No va a ser así!» (Bueno, realmente no es una antigua frase hebrea, pero hay tanta verdad en ella que debería serlo.)

Antes de que hablemos sobre las expectativas que todos llevamos a la habitación, es importante para nosotros volver a mencionar el tema central de este libro: *La calidad de su relación marital es mucho más importante que la calidad del sexo.* Intentar una nueva posición sexual, tener encuentros rapiditos o agregarle música no va a arreglar su matrimonio. La honra, la seguridad y la intimidad van antes que el sexo.

El abismo entre las expectativas y la realidad

Tenemos expectativas sobre todo: la hora que nuestro esposo llega a casa del trabajo, la velocidad más rápida para conducir, el gasto de dinero, la crianza de los niños y el tipo de iglesia a la que debemos asistir... todos ellos temas que pueden agotar y tensionar una relación.

Una de las experiencias más agotadoras para la mayoría de los adultos es un matrimonio tenso. Yo (Gary) pienso en el número de veces que Norma y yo nos hemos molestado por diferentes expectativas en algunas áreas de la vida. Es sorprendente cómo el tono de nuestra relación podía ponerse tan oscuro con tanta rapidez.

Una relación matrimonial tensa es como un círculo. La tensión puede empezar con una decepción sobre una de las expectativas, y luego, antes de que uno se dé cuenta, el deseo por el sexo se reduce, y eso puede decepcionar a uno de los dos o a ambos. La relación y la realidad del sexo van de la mano.

El abismo entre lo que esperamos sexualmente y lo que obtenemos también puede agotar nuestra energía. Cuando nuestra experiencia es cercana a lo que anticipamos, somos más fuertes y nos sentimos más contentos. Eso fortalece nuestra capacidad de seguir amando. No obstante, a menos que hablemos de esas cosas y saquemos nuestras expectativas a la luz, nuestros deseos no van a ser conocidos, y puede que nos encontremos enfrentando un abismo entre nuestros deseos y nuestra realidad, un abismo que agota nuestra energía.

¿Sus expectativas son realistas y sanas? ¿Está dispuesto a sentarse y compartir sus expectativas con su cónyuge? ¿Están dispuestos a escucharse mutuamente y a aprender nuevas expectativas más pragmáticas para los dos?

Todos tenemos expectativas con relación al sexo. Las recibimos de actores que siguen ciertos guiones, músicos que tocan las fibras de nuestros corazones y amigos que exageran sus experiencias. Y cuando las iglesias y los padres guardan silencio, recibimos la información en otras partes. Desafortunadamente, esa información no siempre es correcta, y ese hecho junto con nuestras expectativas ocultas puede llevar a mucho estrés y frustración.

Cada vez que usted experimenta estrés o frustración, ya sea en la casa, el trabajo o su vida sexual, la raíz es la misma: el abismo que existe entre sus expectativas y la realidad. Es algo así:

Sus expectativas ← **EL ABISMO** → **La realidad**

El abismo es su nivel de estrés y frustración. Cuanto más grande sea al abismo, mayor será el nivel de estrés que tenga. Puede tratarse de un abismo grande, y por consiguiente de un gran nivel de estrés y frustración, o puede ser un abismo relativamente pequeño. Por ejemplo, si usted planeaba tener relaciones sexuales dos veces al mes y solo tuvo relaciones en una ocasión, su estrés y frustración serán menores que si no tuvo relaciones sexuales en todo el mes. En este capítulo vamos a examinar las tres grandes sexpectativas y cómo se puede disminuir el abismo entre sus expectativas y la realidad. Su vida amorosa no será la misma.

El tamaño de su abismo depende de tres expectativas comunes sobre el acto de la relación sexual que todos traemos al matrimonio. Las llamaremos *sexpectativas:* La sexpectativa de la frecuencia (cada cuánto tiempo usted y su cónyuge tienen relaciones sexuales), la sexpectativa de la duración (cuánto tiempo va a durar la re-lación cada vez) y la sexpectativa del desempeño (cómo se va a   desempeñar su cónyuge).

Las tres sexpectativas

La sexpectativa de la frecuencia (cada cuánto tiempo tienen relaciones sexuales)

La sexpectativa de la duración (cuánto dura la relación)

La sexpectativa del desempeño (cómo se va a desempeñar su cónyuge)

La sexpectativa de la frecuencia

La sexpectativa de la frecuencia es un problema para casi todas las parejas casadas, y muchas de ellas se sienten frustradas cuando esta sexpectativa no se cumple.

Tres o cuatro veces a la semana ← **EL ABISMO** → Una vez al mes

¿Cada cuánto tiempo debe tener relaciones una pareja? La frecuencia varía con la edad, la etapa de la vida y el número de años que lleven casados. Cuando yo (Ted) me casé, me dieron una caja hermosamente forrada en dorado con una abertura en la parte de arriba. Cuando pregunté para qué era la caja vacía, me dijeron que pusiera allí un dólar cada vez que Amy y yo hiciéramos el amor en los dos primeros años de matrimonio. Luego, después del segundo año, la idea era que yo sacara un dólar cada vez que hiciéramos el amor. De esa forma siempre tendría suficiente dinero de emergencia a la mano durante toda la vida. Lo que empeoraba las cosas era que fue mi propia suegra quien me dio la caja. Estoy feliz de informar que mi suegra, aunque casi todas las veces tiene razón, esta vez se equivocó: Amy y yo hacemos el amor tan frecuentemente ahora como cuando recién nos casamos. No obstante, debo admitir que entre el cuarto y el séptimo aniversario bajamos el ritmo un poco. Esto no es extraño, pero puede evitarse.

Si en este momento en su matrimonio hacer el amor es algo que ocurre rara vez y no frecuentemente, aún hay esperanza. Usted puede cambiar. La frecuencia de sus relaciones sexuales puede cambiar, pero eso no empieza en la habitación. Empieza con la seguridad.

Cien días de sexo

Las personas llegan a todo tipo de extremos para ponerle picante a su vida sexual y aumentar la frecuencia de las relaciones sexuales. Doug y Annie Brown sentían que su intimidad sexual se estaba estancando, así que decidieron aumentar la frecuencia del sexo en su matrimonio. Y esto fue noticia nacional: su misión era tener relaciones sexuales todos los días durante cien días.

Gary Stollman, un experto en relaciones que vive en Beverly Hills, California, hizo la siguiente observación sobre los esfuerzos de la pareja:

> Los problemas con el sexo son por lo general el síntoma de que una relación va mal, no la causa, y yo no diría que el sexo por sí mismo es la respuesta. El acto de ponerle conscientemente energía diaria a la relación es esencial para su vitalidad y longevidad, y esto tiene que hacerse en todos los niveles, no solo en el sexual. En teoría, lo esencial de lo que ellos están intentando hacer —esforzarse por la relación— es por cierto lo que debe hacerse. Yo lo veo como una metáfora. Cien días seguidos de sexo no van necesariamente a arreglar las cosas, pero es una buena metáfora para ponerle otra vez energía a la relación.[1]

Lo que esta pareja ha debido hacer es trabajar para mejorar sus habilidades de escuchar, aumentar la honra del uno hacia el otro, y crear más seguridad. Lo mejor que uno puede hacer es dejar de intentar mejorar al cónyuge y hacer una lista de las cosas en las que uno debe trabajar para mejorarse a sí mismo. También es bueno encontrar pasajes de la Escritura relacionados con las áreas de necesidad y grabar esas escrituras vivas y poderosas en el corazón, al memorizarlas y meditarlas día y noche hasta que lleguen a establecerse allí. Así es como verá grandes cambios en su vida, y eso es lo que va a mejorar su vida sexual.

Cómo tratar la sexpectativa de la frecuencia

Amy y yo tuvimos que trabajar en la sexpectativa de la frecuencia, y me alegra informar que el resultado es maravilloso.

Una razón por la que la frecuencia en el sexo ha aumentado en nuestro matrimonio es porque yo he empezado a tomar la iniciativa mucho más. Durante los primeros seis o siete años de nuestro matrimonio, Amy tomaba la iniciativa nueve de cada diez veces. Puede que usted piense: *¿Qué te pasa, Ted? ¿Acaso no eres un hombre normal?*

Remítase de nuevo a mi crianza independiente, fundamentalista, basada solo en la *versión King James.* Cuando yo era adolescente, hablar de sexo resultaba vergonzoso. No fui equipado para lidiar bien con el sexo o pensar adecuadamente con relación al tema. Esta creencia que empezó a desarrollarse en mi corazón era sutil. Por alguna razón, me sentía como un pervertido cuando tomaba la iniciativa con mi esposa. Sé que suena extraño, pero muy dentro de mí no quería que Amy supiera el secreto de que yo pensaba mucho en el sexo. Como resultado de esto, no teníamos tanto sexo como yo hubiera querido. Vivía con un alto nivel de frustración y constantemente me preguntaba: *¿Será que esta es la noche?*

Tengo que señalar que en mi mente eso no está del todo mal. Es parte de crecer juntos como pareja. Aprender todas las claves, preferencias y deseos de su cónyuge no se logra en los primeros cinco años del matrimonio. Ese conocimiento lleva toda una vida. Es un camino. Por eso es que usted no puede darse por vencido con el sexo, o con su matrimonio, muy rápido.

Fue hace apenas cuatro años que la frecuencia del sexo cambió en nuestro matrimonio. Y hubo dos factores principales que propiciaron el cambio: la amable confrontación de Amy y su comprensión. A través de su estudio personal y su caminar espiritual, aprendió que yo pienso en el sexo mucho más que ella. Ese entendimiento del cerebro masculino llevó a un aumento en nuestra frecuencia de las relaciones sexuales.

Amy también confrontó la verdad subyacente de nuestro matrimonio de una manera muy amable: ella era la que tomaba la iniciativa principalmente.

«Te has dado cuenta de que yo tomo la iniciativa nueve de cada diez veces, ¿cierto?», dijo en nuestro séptimo año de matrimonio.

«Sí», fue la mejor respuesta que pude musitar. Después de todo, ella tenía razón.

Esa noche hablamos durante horas sobre nuestros corazones. Aprendimos cosas del otro que nunca hubiéramos podido aprender de otra manera. Ella se percató más de mi crianza fundamentalista y cómo eso afectó drásticamente nuestra vida amorosa. Reconoció que me atraía mucho todavía. Hizo algo esa noche que cambió nuestro matrimonio para siempre. Me dio permiso de pedirle que tuviéramos relaciones sexuales en cualquier momento. Ahora bien, eso no significa que yo la tome en la cocina después de servir los macarrones con queso y antes de lavar los platos. Sigo la enseñanza de los primeros seis capítulos de este libro: crear honra y seguridad en nuestro matrimonio es la prioridad.

Actualmente, Amy y yo tomamos ambos la iniciativa. Ninguno de nosotros vive con la frustración de preguntarse si esta es la noche.

Hay muchas maneras en que una pareja puede resolver el problema de la sexpectativa de la frecuencia. Algunas de ellas son:

1. *Fijen horas y lugares.* Tenga cuidado de no dejar que la rutina los absorba. (Hablaremos más de esto en el siguiente capítulo).

2. *Desarrollen su propio código.* Uno de los ancianos de nuestra iglesia me comentó sobre el código que él y su esposa comparten en las noches en las que planean tener relaciones sexuales. Ellos utilizan la frase «trabajar en el presupuesto» para compartir sus intenciones. Su meta es utilizar ese término tantas veces como puedan frente a los niños. Hasta el momento, ni su hijo de doce años ha captado el significado real de la frase.

3. *Túrnense para tomar la iniciativa.*

4. *Programen su despertador diez minutos antes para un encuentro rapidito.*

5. *Sean comprensivos con el otro.* Cuando el otro no quiera, no se enoje.

6. *Tengan una vela que cuando esté encendida signifique que es hora de tener relaciones sexuales.* Los niños nunca van a captar esto.

7. *Planeen pasar un fin de semana familiar en otro lugar.* No hay nada como ir a un hotel y esperar a que los niños se queden dormidos.

8. *Alquilen un vehículo rodante para el fin de semana.* Esto es estupendo para toda la familia y resulta algo distinto. (Solo cerciórese de que todo el mundo se perdone cuando vayan cami-

no a casa el domingo en la tarde.)

9. *Respeten el derecho del otro a ser quien es, y respeten lo que a cada uno le gusta hacer antes de la relación sexual.* Por ejemplo, a algunas mujeres no les gusta que se hable en broma de la «noche especial» durante el mismo día.

La sexpectativa de la duración

La sexpectativa de la duración tiene que ver con cuánto tiempo dura la relación sexual. Eso significa que tenemos que hablar de dos palabras que los hombres odian: «eyaculación precoz». Ya sea que lo puedan admitir o no, todos los hombres que conozco han tenido problemas con este aspecto del sexo.

Toda la noche ⬅ EL ABISMO ➡ Diez minutos

Para los hombres es difícil controlar la eyaculación. Llegamos a un cierto punto que yo llamo «el punto de no retorno» y no tenemos control. Sencillamente va a pasar. El control de la eyaculación puede ser incluso un trastorno para algunos hombres.

La eyaculación prematura, también conocida como eyaculación rápida, clímax prematuro, eyaculación temprana, o con el término en latín *ejaculatio praecox,* es el problema sexual más común en los hombres, y afecta de un veinticinco a un cuarenta por ciento de ellos. Se caracteriza por una falta de control voluntario sobre la eyaculación. Masters y Johnson afirmaron que el hombre sufre de eyaculación prematura si eyacula antes de que su compañera llegue al orgasmo en más del cincuenta por ciento de sus encuentros sexuales. Otros investigadores sexuales han definido que la eyaculación prematura ocurre cuando el hombre eyacula a los dos minutos o menos de la penetración; sin embargo, en una encuesta de Alfred Kinsey en la década de 1950 se mostró que tres cuartas partes de los hombres eyaculaban máximo dos minutos después de la penetración en más de la mitad de sus encuentros sexuales. Actualmente, la mayoría de los terapeutas sexuales entienden la eyaculación prematura tiene lugar cuando una falta de control de la eyaculación interfiere con el bienestar sexual o emocional de uno o ambos compañeros. La mayoría de los hombres experimentan una eyaculación prematura por lo menos una vez en sus vidas. Con frecuencia, los adolescentes y los hombres jóvenes experimentan la eyaculación «prematura» durante su primer encuentro sexual, pero a la larga aprenden a controlarla.[2]

El control de la eyaculación tiende a aumentar con la edad. Mientras escribo este libro, les he preguntado a algunos hombres de mi grupo de estudio y mi iglesia cuánto tiempo logran resistir antes de tener un orgasmo. Les he preguntado a hombres entre los veinte y los ochenta años de edad, y estas son algunas de sus respuestas:

«Mi meta es asegurarme de que ella llegue varias veces antes que yo». —60 años.

«Puedo esperar hasta que ella llegue y luego yo llego también». —49 años.

«Ella se demora demasiado en llegar». —recién casado de 25 años.

Mi esposa le hizo la misma pregunta a un grupo de mujeres. Estas fueron sus respuestas:

«¿Y cómo sabe uno que llegó al orgasmo?» —26 años, casada hace tres años.

«¿Ambos debemos llegar al mismo tiempo?» —23 años, se va a casar pronto.

«El ritmo de mi día, el estrés del trabajo y las actividades de la noche son variables que afectan el hecho de que llegue o no. También afectan la duración. Las mujeres tenemos muchas cosas que nos afectan.» —40 años, casada hace quince.

Durante años en nuestro matrimonio, tuve problemas con la expectativa de la duración. No solo quería que durara mucho tiempo, sino que también quería garantizar que mi esposa experimentara el orgasmo. Tengo que admitirles (con el permiso de Amy) que al principio de nuestro matrimonio yo terminaba la mayor parte de las relaciones sexuales con una disculpa:

—Amy, lo siento. Aguanté lo más que pude. Pensé en todo, desde el discurso del presidente hasta las hamburguesas de la esquina, y nada funcionó. Llegué primero que tú.

—Deja de hacer eso, Ted —respondía Amy—. No siempre yo tengo que ser el centro.

—Lo sé, pero yo quiero complacerte tanto como tú quieres complacerme a mí —respondía.

¡Qué forma de terminar un día de romance, intimidad y sexo! ¡Qué tonto era!

Los motivos del sexo

Dios creó diferentes motivos para el sexo, y los hombres por lo general tienen motivos diferentes a los de las mujeres. Por ejemplo, los hombres tienden a utilizar el sexo como un aliviador del estrés, mientras que las mujeres con el estrés pierden la libido. Así como Salomón deseaba tener relaciones con su esposa después de un largo día de trabajo, los hombres ven el sexo como unas vacaciones. Las mujeres tienden a ver el sexo como algo que les quita su energía y no como algo que las energiza.

En algunos casos, un hombre puede no entender por qué su esposa no responde. Me sorprende el número de mujeres que le han confesado en mi oficina a su esposo por primera vez, después de años de matrimonio, que fueron abusadas cuando niñas. El esposo nunca supo por qué había una pared en medio de la cama. El sexo rara vez es el problema principal del matrimonio, así que si las cosas no están muy bien en la cama, es bueno llevar a cabo una búsqueda del tesoro para descubrir qué más puede estar sucediendo.

Por otro lado, tengo que admitir, en nombre de todos los hombres del mundo, que nosotros a veces debemos combatir la envidia de la buena que sentimos por el hecho de que las mujeres pueden lograr orgasmos múltiples. No me malentienda: disfruto del clímax totalmente, pero a veces pienso que es sorprendente que Dios les haya dado a las mujeres la posibilidad de llegar al clímax más de una vez en una sesión de relaciones sexuales.

Las mujeres también tienen más control sobre sus orgasmos que los hombres. Los hombres pueden intentar distraerse durante el sexo y aún así llegar al orgasmo. Una mujer, por otro lado, escucha timbrar el monitor del bebé y hasta ahí llegó. Ya perdí la cuenta del número de veces que el monitor del bebé ha transformado nuestro romance de todo el día y nuestra noche de pasión en un encuentro rapidito para mí. ¡Qué malo que se hayan inventado los monitores de bebés!

Habilidades para prolongar el orgasmo

Aunque la eyaculación precoz se define como un trastorno médico, los hombres pueden aprender a retardar el orgasmo. No hay estándares médicos sobre cuánto tiempo le debe tomar a un hombre o a una mujer llegar a un orgasmo; y la cantidad de tiempo varía dependiendo del nivel de energía, las distracciones, las hormonas y la estimulación. Sin embargo, hay algunas técnicas para intentar evitar la eyaculación precoz.

El método de iniciar y parar

Yo le llamo al método de iniciar y parar a fin de retardar la llegada del clímax «pasar el umbral». Una de las maneras de prolongar el orgasmo es ir directamente al umbral, pero no pasarlo. Deténgase en la entrada. Tómese un descanso, como cuando deja de trabajar para limpiarse el sudor de la frente. Luego, cuando se haya relajado por un momento, puede continuar. La parte difícil es sentirse cómodo al expresarle a su esposa en medio de la relación que ha llegado al umbral.

¿Cómo lo hago? Me alegra que haya preguntado. *Dígale*. «Espera un momento». «Dame un segundo». «Espera». Utilice las palabras con las que se sienta bien.

Estimulación mínima

Mantenga la estimulación al mínimo. Sé que acabamos de pasar todo el capítulo anterior motivando la estimulación y enseñándola, pero una estimulación prolongada puede disminuir la duración.

Preservativo

Puede iniciar con el método de iniciar y parar y ponerse el preservativo después del primer o segundo umbral. Los preservativos vienen en distintos grados de sensibilidad. Es posible que necesite experimentar un poco con marcas diferentes para encontrar el más adecuado para su ritmo y su relación.

Energía

El sexo requiere energía. Vale la pena ahorrar algo de energía para el sexo. Esto es parte de prepararse para su cónyuge.

Todos tenemos una cantidad diaria de energía. Yo digo que son estallidos de energía. La energía depende de un número de variables: el trabajo, la alimentación, el ejercicio, la salud, la enfermedad, las discapacidades, los niños y el hogar. Una clave para su vida amorosa con su cónyuge es descubrir cuántos estallidos tiene en un día normal. La mayoría de las personas tienen varios estallidos de energía cada día, aunque no conozco a nadie que tenga más de diez. Por ejemplo, yo tengo tres o cuatro estallidos de energía en el día. Sé cuándo he utilizado uno y lo que necesito hacer para prepararme para el siguiente. Un tiempo tranquilo, leer, orar, descansar, tomar una siesta y dormir son solo algunas de las formas para volver a vigorizarme.

¿Por qué es importante saber esto? No importa cuántos estallidos de energía tenga usted en un día normal, siempre guarde por lo menos uno para su cónyuge. Si debe dirigir la reunión del personal a las diez de la mañana, ahí va a utilizar un estallido de energía. Si tiene que entrenar al equipo de fútbol de su hijo por la noche, necesitará un estallido de energía para eso también. Usted es quien controla sus estallidos de energía, así que guarde algunos para el sexo. Si empieza a hacer el amor con baja ener-gía, es muy posible que tenga un orgasmo más rápidamente.

La sexpectativa del desempeño

¿Cómo se mueve su cónyuge? ¿Su cónyuge contorsiona su cuerpo como un gimnasta olímpico? ¿Grita y gime? ¿Su esposa actúa como Meg Ryan en la película *Cuando Harry conoció a Sally*? ¿Su cónyuge hace que surja el tigre que hay en usted?

Si en algo Hollywood nos ha alimentado con una carga de basura, es en el campo de la sexpectativa del desempeño. Camine por el pasillo de las revistas de una librería local y verá una cantidad de subtítulos centrados en el desempeño que gritan desde las primeras páginas:

«¡Vuélvalo loco en la cama!»
«¡Descubra sus lugares ardientes!»
«¡Los seis secretos para hacerlo rogar por más!»
«¡Los movimientos sexuales que nunca ha oído!»

Hay una obsesión cultural con el desempeño. Queremos ser invencibles en la cama. No obstante, yo le digo que he tenido muchos desempeños deficientes en lo que se relaciona con mi vida sexual, y también he aprendido de todos ellos.

Ruidoso y con contorsiones ← **EL ABISMO** → Silencioso y suave

Justamente la semana pasada descubrí algo nuevo sobre mi esposa: no se le puede seducir cuando estamos de campamento.

Ya hemos aprendido que las mujeres son amantes de todo el día. La conexión emocional debe empezar temprano en la mañana y el contacto no sexual debe existir durante todo el día. Escucharse el uno al otro con amor cuando están juntos; ayudar con los niños, en los oficios y las diversas tareas; aprender cosas nuevas juntos: esto y muchas otras actividades preparan a una mujer para la relación sexual. Las distracciones deben ser eliminadas. Debemos ayudar en la casa. La habitación debe ser preparada. Y nada de eso sucedió en nuestro campamento en Minnesota.

Habíamos reservado una cabaña de pesca de dos habitaciones y planeábamos pasar la semana acampando con la familia de Amy. Aunque me gusta pasar tiempo con la familia, romper nuestra rutina normal e intentar coordinar los horarios de veinte personas puede ser agotador. Teníamos una habitación para Corynn y una habitación para Carson. Amy y yo preferimos ocupar el sofá cama de la sala principal de la cabaña. Toda la cabaña tenía una sola unidad de aire acondicionado en una ventana que mantenía el interior de la cabaña a veintisiete grados centígrados, incluso a las diez de la noche. (Recuerde que mi esposa sabe cuando el termostato está en veintiún o veintidós grados centígrados en la casa. Un grado hace la diferencia para ella.)

Cuando nos fuimos a la cama en la primera noche, empezamos a acariciarnos, hasta que descubrimos que podíamos sentir todos los resortes de la cama. El colchón era tan incómodo que decidimos dormir paralelos al espaldar del sofá. Con el calor, la cama incómoda y el piso sucio, yo sabía que no íbamos a tener relaciones sexuales en algún tiempo. Todo lo que podíamos hacer era reírnos y estar agradecidos de que los niños estuvieran cómodos.

En cuanto a mi desempeño, me daría a mí mismo un menos uno, pero eso es ser generoso. Después de conducir una camioneta con seis personas durante once horas, estaba demasiado cansado para preparar la habitación, y en realidad no había una habitación que preparar. Había distracciones por todas partes. ¿Y ya mencioné que las paredes eran tan delgadas como un papel?

Sin embargo, ¿sabe qué? Durante toda la semana de calor, incomodidad para dormir y la presencia de familia, Amy y yo coqueteamos como locos.

Nos divertimos con eso. Nunca me reí más sobre el desempeño deficiente o las oportunidades perdidas en mis once años de matrimonio. Eso nos enseñó una gran lección sobre la libertad y la flexibilidad. Podíamos pasar una semana sin tener relaciones y aun así estar bien. Tal cosa me hizo anticipar el viaje a casa. Realmente decidimos acortar esas vacaciones en un día y medio. No fui muy honesto con la familia cuando les dije por qué nos íbamos. No le iba a decir a los familiares de Amy que quería llegar a casa porque deseaba tener relaciones sexuales. (Claro que ahora ya lo saben.)

Uno tiene dos opciones cuando se trata de la sexpectativa del desempeño: (1) Puede sentirse frustrado debido a las expectativas no cumplidas y volverse frío con su cónyuge y la relación sexual o, (2) Puede empezar a hablar con su cónyuge. Es muy posible que su esposo o esposa ni siquiera sepa algunos de sus deseos. Empiece a hablar. Aquí hay algunas preguntas que le pueden ayudar a iniciar la discusión en su camino para satisfacerse mutuamente en el sexo:

- ¿Cuál es la posición más cómoda para ti?
- ¿Prefieres estar arriba o abajo?
- ¿Soy muy brusco cuando beso o toco tus senos?
- ¿Hay algo que hago que te hace sentir incómodo(a) o te causa dolor?
- Me gusta tener relaciones sexuales _____ veces por semana o al mes.
- Me gusta más cuando tú… (compártalo todo, incluso si después de algunos años la lista es de cinco páginas).
- Me haces sentir incómodo(a) cuanto tú…

Cuándo buscar ayuda

Hace varios años un querido amigo de la familia fue a hablar conmigo porque quería terminar con su matrimonio. Le dije que fuéramos a tomar un café, y que haría todo lo posible por ayudarlo.

Después que ordenamos el café, me dijo que él y su esposa no habían tenido relaciones sexuales en más de dos años. Supe que su hija no tenía todavía dos años e hice cálculos. Como me reuní solo con él, mantuve el enfoque en lo que él estaba haciendo y en lo que podría hacer diferente. No tratamos ninguno de los problemas de su esposa; solo los problemas de él.

Empezó diciendo: «No ha bajado de peso después del embarazo y está cansada debido a su nuevo rol de madre».

«Como ella no está aquí para defenderse», dije, «enfoquémonos en ti y en tu responsabilidad. ¿Cuáles son las expectativas que tienes de tu esposa?»

Él tenía problemas con las tres sexpectativas. «Quiero tener relaciones un par de veces a la semana. Quiero que ella me desee como cuando nos conocimos». Le dije que volver a tener la relación que tuvieron cuando se casaron era más fácil de lo que pensaba.

Mi amigo empezó a trabajar en el matrimonio, no solo en el área sexual. Empezó a establecer las bases de la honra y la seguridad, y la frecuencia de sus relaciones sexuales aumentó. Él no trabajó en el matrimonio para aumentar la frecuencia. Esto nos remite otra vez al radar femenino del que hablamos anteriormente. En realidad quería redescubrir el amor que tuvieron alguna vez. Con el tiempo, el sexo que alguna vez habían disfrutado regresó, y fue el glorioso resultado de haber arreglado las otras cosas.

Hay muchas variables en la habitación, y aunque la mayoría de las dificultades sexuales entre las parejas son relacionales, hay veces en que los problemas son médicos. A continuación hay algunas razones por las que usted debería buscar ayuda de un médico o un terapeuta profesional:

- Impotencia
- Orinar durante el orgasmo (afecta aproximadamente a un cinco por ciento de las mujeres)
- Dolor durante la relación
- Ciclos menstruales prolongados
- Erecciones prolongadas
- Depresión
- Enfermedades de transmisión sexual
- Abuso sexual experimentado en la niñez o en un matrimonio anterior
- Infertilidad

Paso gran parte de mi tiempo como pastor dando consejería, y me siento muy cómodo respondiendo y trabajando con la mayoría de las preguntas y situaciones de una pareja. No obstante, conozco mis límites. Sé para qué he sido capacitado, y me apego a eso. Como me preocupo mucho por la congregación que Dios me ha confiado, lo que hago es remitir a las personas a buscar ayuda profesional cuando corresponde. Su pastor le puede recomendar a alguien si usted busca ayuda profesional, o si quiere averiguar sobre la integridad de algo que un terapeuta o doctor ha sugerido. He trabajado con parejas a las que un terapeuta les dijo que vieran pornografía juntos para condimentar a la relación; también he trabajado con parejas que intentan quedar embarazadas a las que se les ha aconsejado cosechar múltiples óvulos para producir múltiples cigotos.

Muchísimas veces en la iglesia y los seminarios, después de hablar sobre sexo, ha habido parejas que se me han acercado y me han dicho: «Nos gustaría haber aprendido eso hace veinte años». No espere mucho tiempo para hacer las preguntas correctas.

Ahora que conoce las tres sexpectativas más grandes y está listo para cerrar el abismo que existe entre sus expectativas y la realidad, es hora de subir la temperatura y descubrir cómo cultivar la creatividad en la habitación.

De GarySmalley.com

P: Soy un adicto sexual. Me ha tomado mucho tiempo llegar a admitirlo. Sé que mi lucha con la lujuria está destruyendo mi matrimonio. ¿Qué puedo hacer?

R: La lujuria nos hace pensar que tener a alguna persona que no tenemos en el momento nos haría más felices. Con frecuencia esa persona es simplemente un producto de nuestra imaginación.

Incuso si la persona es real, por lo general le adjudicamos características que no son reales. De modo usual, nuestra lujuria se centra en una participación sexual. Nos imaginamos a alguien que nos desea mucho y prefiere nuestra presencia e intimidad a la de cualquier otra persona. Nos imaginamos que si tuviéramos a una persona así en nuestros brazos, sería emocionante e increíblemente satisfactorio. Este es un engaño terrible, porque nos olvidamos o ignoramos las consecuencias devastadoras de hacer realidad nuestros pensamientos.

Los sueños sexuales revelan nuestro deseo egoísta de estimulación. La estimulación sexual sin restricciones en efecto aumenta el deseo. Vemos esto de muchas maneras. Por ejemplo, una de las razones principales por las que las personas fuman o consumen alcohol o drogas es para estimular sus sentidos físicos. Cuando una persona persiste en este comportamiento egoísta, el deseo crece hasta que necesita dosis regulares y cada vez mayores de estimulación.

Primero, reconozca el motivo básico detrás de esta emoción. La lujuria no es servir a una persona con amor; es ver a una persona como un objeto para ser utilizado.

Segundo, es necesario que entienda que Dios, y no el cuerpo de otra persona, ni siquiera el de nuestro cónyuge, es la fuente que nos llena. Por más que el sexo pueda ser placentero, nunca podrá sustituir al gozo y la satisfacción duradera de conocer a Dios.

Tercero, en medio de los pensamientos lujuriosos, como un acto de nuestra voluntad, podemos orar algo como esto: «Señor, sé que hay veces en las que desearía que mi cónyuge fuera más sexy. Y hay veces incluso en las que me he imaginado en los brazos de otra persona. Todas las publicidades que he visto en la televisión han intentado convencerme de que esto sería emocionante. Pero en este momento y en este lugar, decido confiar en que tú le traes energía a mi vida y provees todo lo que necesito. Estoy dispuesto a descansar y esperar en tu fidelidad».

Usted puede vencer la adicción sexual con la gracia de Dios y guardando su maravillosa Palabra viva y eficaz dentro de su corazón. Por ejemplo, memorice Gálatas 5:13. Sin embargo, lo más probable es que no lo pueda hacer solo. Únase a un grupo pequeño de personas que tengan problemas con los asuntos sexuales. Escuche sus historias de victoria y derrota. Permita que estas historias lo motiven. Hemos descubierto que el mejor canal a través del cual los adictos se recuperan es con la ayuda y el apoyo de otras personas. Escoja un grupo en el que usted confíe. Elija un grupo que no lo vaya a juzgar, sino que le ayude a superar el problema con el que muchas personas luchan diariamente. Dios cambia las vidas a través de su Palabra y por medio de las relaciones.

Notas
1. Nick Hazell, «Finding Love Again with 101 Days of Sex: Career-Focused Couple's Radical Attempt to Revive Relationship», *ABC News*, 1 de junio de 2007, http://abcnews.go.com/US/story?id=323072 (visitado en agosto de 2007).
2. "Eyaculación prematura", *Wikipedia, the free Enciclopedia*, 26 de agosto de 2007, http://en.wikipedia.org/wiki/Premature_ejaculation (visitado en agosto de 2007).

Resumen

El abismo entre lo que esperamos sexualmente y lo que obtenemos puede tensionar un matrimonio.

El abismo representa nuestro nivel de estrés y frustración. Cuanto más grande es el abismo, mayor nivel de estrés tenemos.

La sexpectativa de la frecuencia responde a la pregunta: «¿Cada cuánto tiempo debe una pareja tener relaciones sexuales?» La frecuencia varía con la edad, la etapa de la vida y el número de años que lleven casados.

La sexpectativa de la duración tiene que ver con cuánto va a durar la relación sexual.

La sexpectativa del desempeño evalúa los movimientos, las expresiones y las acciones de su cónyuge durante la relación sexual

Preguntas para discutir en pareja

¿Qué posición es la más cómoda para ti?
¿Prefieres estar arriba o abajo?

¿Soy muy brusco cuando beso o toco tus senos y genitales?

¿Hay algo que hago que te hace sentir incómodo(a) o te causa dolor?

Me gusta tener relaciones sexuales _____ veces por semana o al mes.

CAPÍTULO 9

Cultive la creatividad

Un pastor de Memphis fue a jugar golf al Club Nacional de Golf de Memphis hace algunas semanas. Había logrado completar todos los hoyos en el número requerido de golpes hasta el hoyo diecisiete. Terminó excediéndose en dos lanzamientos en ese hoyo y luego, en el hoyo dieciocho, volvió a lograrlo en el número de golpes exigidos. Se sentía enojado y frustrado al no haber terminado un juego perfecto por culpa del hoyo diecisiete.

Más tarde esa noche, le contó a su esposa su intenso dolor y frustración por el juego. La esposa, a quien no le gusta mucho el golf ni comparte el interés de los hombres por las competencias o los deportes, lo consoló de la mejor manera que pudo.

Una semana después salieron juntos. Al final de la salida, tarde en la noche, ella se dirigió al Club Nacional de Golf de Memphis.

—¿Qué estamos haciendo aquí? —le preguntó el pastor.

—Llévame al hoyo diecisiete —replicó ella.

—¿Para qué?

—Solo llévame hasta allí. Quiero ver el hoyo que te ha causado tanto dolor —insistió.

Momentos después, en la oscuridad de la noche, la pareja llegó al hoyo diecisiete.

—Quiero cerciorarme de que solo tengas buenos recuerdos del hoyo diecisiete —dijo ella.

¿Puede adivinar cómo termina la historia? Sí, así es.

Ahora el hoyo preferido del pastor en el mundo entero es el hoyo diecisiete del Club Nacional de Golf de Memphis.

Mi noche más creativa (de Ted) con Amy fue en nuestro séptimo aniversario de bodas. Llevé a Amy a Big Cedar, un ostentoso centro turístico en Branson. Está decorado con un tema campestre rústico. Tiene vitrales, chimeneas de piedra que van desde el piso hasta el techo y vigas expuestas de madera. Las cabañas son inolvidables.

Debido a nuestra situación financiera, solo pude pagar una noche, pero quería que fuera la mejor. Llevé velas, loción, flores y medio atado de madera para la chimenea. (¿Recuerda que antes le sugerí instalar una chimenea en la habitación? Si eso no es posible en el lugar donde usted vive, por lo menos alquile una habitación con chimenea cada cierto número de años. No hay nada como el calor del fuego y el chasquido de la leña para ponerle picante a una noche romántica.) Mientras tanto, el jacuzzi estaba lleno de agua caliente e invitadoras burbujas. Esta no iba a ser una noche común para hacer el amor.

Terminamos de cenar, y la habitación estaba lista. Regresamos a nuestra cabaña para pasar nuestra noche juntos. Sin entrar en muchos detalles, llevábamos como diez minutos de intimidad cuando escuchamos que alguien golpeaba a la puerta.

—¿Qué suena? —preguntó Amy.

—Alguien está en la puerta —respondí, y observé con aprensión que la puerta quedaba a un metro de la cama y que solo nos separaba de nuestro visitante una delicada cortina de tela y un panel de vidrio.

—¿Qué hacemos?

—Nada. Estoy seguro de que se irán —dije esperanzadamente.

—¿Crees que nos escucharon? —preguntó Amy con timidez

—Habla bajo —le susurre—. ¡Ellos no saben que estamos aquí!

La persona golpeó de nuevo. Luego escuchamos que insertaron una llave en la puerta.

—¡Noooo! —grité—. Estamos aquí.

La puerta se abrió hasta la mitad antes de que las palabras salieran de mi boca.

Durante siete años había logrado mantener en secreto el hecho de que el pastor Ted y su esposa, Amy, tenían relaciones sexuales. Estábamos convencidos de que nadie lo sabía; bueno, excepto por el hecho de que tenemos hijos. Ahora todo el mundo conocía el secreto. Las velas, el sonido de la chimenea, el aroma de la loción. ¡No había manera de negarlo!

En ese momento, mi amigo Tony era el gerente general del centro vacacional. Todavía no lo he perdonado por autorizar que esa noche fueran a dejarnos unos chocolates de regalo. Como me sentía avergonzado, decidí aprovechar el servicio de pago automático a la mañana siguiente. Me mortificaba la idea de escuchar a algún miembro del personal decir: «Ese es el tipo de la cabaña 412. ¡Creo que es pastor!»

Amy y yo todavía nos reímos de esa noche juntos. No permitimos que el incidente nos impidiera ser creativos y pasar una velada placentera esa noche o las otras que han seguido. Cultivar la creatividad en la habitación es un placer en sí mismo; y en este capítulo, usted va a descubrir cómo hacerlo en su propia habitación: va a descubrir maneras prácticas de convertirse en un amante de todo el día.

La importancia de romper la rutina

Me siento motivado por las parejas a las que no les da miedo explorarse mutuamente con métodos y ambientes sexuales creativos. Romper la rutina es saludable para la intimidad sexual. Me motiva todavía más cuando escucho historias de parejas en la tercera edad a las que todavía les gusta hacer travesuras. Una mujer anciana hace poco me dijo:

> No nos vimos desnudos durante los primeros tres meses de nuestro matrimonio. No había luces ni velas. Empezamos únicamente con la relación sexual directa, sin ninguna estimulación. Para el quinto año de nuestro matrimonio, ya utilizábamos velas y hacíamos cositas más o menos quince minutos antes de tener relaciones sexuales. No fue sino hasta el octavo año que empezamos a hablar de sexo, de lo que nos gustaba y no nos gustaba. Para el décimo año de nuestro matrimonio, empezamos a tener relaciones sexuales en otras partes de la casa. Antes de eso, era solo en la habitación. No fue sino hasta nuestro décimo quinto aniversario de bodas que le pregunté si a él le gustaría que yo experimentara con otras posiciones. En algún momento en este período tuve mi primer orgasmo múltiple. Disfrutamos de un sexo estupendo durante los siguientes treinta y cinco años. El tenía setenta años cuando un procedimiento médico le puso fin al sexo, pero eso no impidió que siguiéramos haciendo el amor. Todavía puedo recordar nuestra última vez. Ambos lloramos como si estuviéramos llorando la muerte de alguien. No obstante, ¿sabe qué? ¡Todavía podemos hacer travesuras!

¡Estas no solo son palabras motivadoras de una estupenda mujer piadosa, sino también de una mujer que está convencida de que yo nunca podré enseñarle nada sobre el sexo! Ella me inspira a buscar la grandeza en mi matrimonio y mi vida amorosa con Amy.

Muchos cristianos se sienten incómodos cuando intentamos combinar las palabras «creatividad» y «sexo». Sin embargo, yo creo que Dios desea que cultivemos la creatividad en nuestra vida sexual. Dios le habla a Salomón y su esposa sulamita en un solo versículo en Cantares, inmediatamente después de la relación sexual:

¡Coman y beban, amigos, y embriáguense de amor! (Cantares 5:1).

Somos criaturas de hábitos. Yo tiendo a vivir cada parte de mi vida como dice un aviso que aparece en una escarpada autopista de Alaska: «Escoja bien su carril; estará en él durante los siguientes trescientos veinte kilómetros». La rutina es predecible y familiar, pero nos ofrece una falsa seguridad y puede agotar la vida del matrimonio. Yo puedo comer cereal Cheerios todas las mañanas durante tres años seguidos. Nunca pido nada extraño en los restaurantes a los que voy porque siempre como la misma cosa. Sin embargo, soy el pastor de una iglesia que tiene el siguiente eslogan: *Nunca hagas lo mismo dos veces.* En nuestra iglesia usted nunca verá una obra de teatro, un vídeo, o escuchará un mensaje más de una vez. Pasamos incontables horas a la semana tratando de mantener las cosas frescas. La creatividad exige mucho esfuerzo, pero la recompensa es enorme. Creemos que la creatividad y la excelencia honran a Dios e inspiran a las personas.

La creatividad en el matrimonio exige mucho esfuerzo, pero la recompensa es enorme.

Si esto funciona en la iglesia, ¿cuánto más podría funcionar en nuestras vidas? La creatividad en el matrimonio también exige mucho esfuerzo, pero la recompensa es enorme. ¿Alguna vez se ha preguntado a dónde se fue el romance? ¿Alguna vez sintió que camina sin rumbo? Esa pérdida del romance y ese caminar sin rumbo son resultado de la rutina. La razón por la que el romance parecía tan emocionante al principio es que era nuevo y fresco. El doctor Gary Chapman, experto en matrimonios y vida familiar, lo llama «el cosquilleo». ¿Recuerda cuando usted sentía un cosquilleo en el estómago por su esposa? ¿Recuerda cuando le encantaba estar todo el tiempo con su esposo? ¿Alguna vez ha querido regresar a esos días? ¿Adivina qué? ¡Puede hacerlo! Y nosotros queremos mostrarle cómo.

La respuesta es la creatividad.

Nota de aclaración

Usted observará que este capítulo sobre la creatividad no está al inicio del libro. Esto lo hicimos a propósito. La honra, la seguridad y la intimidad son el fundamento sobre el cual se construye la creatividad. Una razón por la que las aventuras existen es que las personas buscan «algo mejor». Ese algo mejor las engaña y las lleva a creer que deben buscar fuera del matrimonio para experimentar mayores niveles de intimidad sexual sin toda la responsabilidad. Eso simplemente no es verdad.

Ahora bien, cuando la gente combina las palabras «creatividad» y «sexo», muchas personas piensan en las palabras «extraño» y «perversión». ¡Pero esa no es la idea! La creatividad es sana y quizás es lo que su monótona vida sexual necesita. Y lo mejor es que puede disfrutarla sin sentirse culpable y con una mayor pasión que nunca.

El amante de todo el día

Mientras que la mayoría de los hombres están listos para el sexo a cualquier hora del día, por lo general a las mujeres les toma todo el día alistarse. Las mujeres se estimulan lentamente y se toman su tiempo. Si usted siente que hay una cerca de alambre de púas en la mitad de su habitación, tiene que darse cuenta de que mientras que los hombres se excitan por lo que ven, las mujeres se excitan por lo que sienten emocionalmente.

Pregúntele a su esposa qué cosas puede usted hacer o decirle en un día normal para fortalecer su relación amorosa. Es posible que mencione una mejor comunicación. Si lo hace, pídale que profundice en este tema, porque nunca se aprende demasiado. Es posible que desee un contacto más suave y afectivo. Si es así, intente identificar qué tipo de contacto le gusta a ella y cuál la irrita o la ofende. Una vez supe del caso de un esposo que solía darle palmaditas en los glúteos a su esposa hasta que descubrió que eso la ofendía tanto que sexualmente se cerraba por completo.

Pídale a su esposa que le explique qué significa «romance» para ella. ¡Su respuesta podría sorprenderlo! Pero recuerde que usted puede utilizar todo lo que le diga como herramientas para convertirse en un amante romántico de todo el día.

Haga una lista de algunas de las cosas que prefiere de su esposa. Compártala con ella.

Comuníquele sus metas como esposo y padre. Nada excitará tanto a su esposa como el hecho de que usted ame a su familia.

Recuerde que su esposa necesita escuchar las palabras «Te amo», y no solo cuando se despide de ella. Necesita escuchar esas palabras durante todo el día, de tantas maneras como usted se las pueda expresar verbal y no verbalmente. Para ayudarlo a empezar en la dirección correcta, hemos hecho una lista con algunas ideas, pero esta lista no está completa. A medida que vaya leyéndola, piense en lo que funcionaría para usted. Marque los puntos relevantes para usted y compártalos con su cónyuge.

1. *Déjela dormir.* La energía y la motivación por el sexo van de la mano. Una esposa y madre descansada será una amante descansada, así que al menos un día de esta semana déjela dormir. Ofrézcase a cuidar a los niños y permítale tener un descanso adicional.

2. *Recoja las cosas del baño.* Limpie los vellos que quedan después de la afeitada en el lavamanos. Utilice una tolla para secarlo. Luego cuelgue la toalla. El baño es un oasis para su esposa.

3. *Haga el desayuno.* No hay nada como levantarse de la cama, alistarse y no tener un oficio que hacer. Esto la ayuda a descansar.

4. *Mantenga alejados a los niños.* Permita que ella pase de la cama directamente a la ducha sin interrupciones para que pueda

arreglarse libre de distracciones.

5. *Haga algún oficio relacionado con los niños.* Por ejemplo, ofrézcase a recoger a los niños y diga: «Tú ve y haz algo que te guste. Yo recojo a los niños después de la escuela y los llevo conmigo».

6. *Llévele su bebida preferida en la mañana.* Atender a su esposa la hace sentir mimada. Sentirse consentida la ayuda a sentirse amada.

7. *Déjele notas por la casa.* Las notas pueden convertirse en sus mejores amigas. Cuando ella abra la puerta del refrigerador o un estante que se use regularmente, cerciórese de que vea una nota que diga algo sobre lo importante que es para usted: «¡Te extraño!» «¡Eres la mejor!» «¡Eres una mamá estupenda!» «¿Cómo fue que tuve la bendición de resultar casado contigo?»

8. *Eche la ropa en la lavadora o saque la basura antes de irse para el trabajo.* El apoyo con las tareas domésticas encabeza la lista para hacerla sentir de buen ánimo. Este tipo de acción de su parte hace que el fuego pase de bajo a medio antes de las ocho de la mañana. En este momento, mi meta personal es sacar la basura antes que mi esposa me lo pida. Como tenemos una caneca de basura de trece galones, eso significa que por lo general saco la basura dos o tres veces al día.

9. *Tenga un contacto no sexual con ella antes de irse a trabajar.* De hecho, si puede tener seis veces en el día este tipo de contacto con ella, irá camino a una apasionada intimidad sexual. Abrácela antes de irse a trabajar y tan pronto como llegue a casa. Una palmadita o un abrazo rápido no es un verdadero abrazo. Deténgase y tómese el tiempo para abrazarla de verdad

10. *Llámela desde el trabajo.* El ochenta por ciento de las mujeres le temen a la desconexión. Todo lo que usted puede hacer durante el día que le transmita el mensaje: «Estoy pensando en ti», la va a preparar. Llámela y déjele saber que la ama.

Dígale que no puede esperar para verla. Averigüe las cosas que le gustan a fin de prepararse para la noche que van a pasar juntos.

11. *Envíele un correo electrónico.* No tiene que ser una poesía o una carta de amor de cinco páginas, sino solo una nota para que haya una conexión.

12. *Envíele un mensaje de texto.* Mandarle un mensaje afectivo por el teléfono celular les permite mantenerse conectados, pero no la abrume.

13. *Envíele avisos publicitarios de vacaciones.* Puede que usted no pueda pagar unas vacaciones exóticas en este momento de su vida, pero aun así puede soñar y planearlas. Envíele a su esposa avisos o fotos de destinos de viajes o vacaciones a los que algún día espera llevarla. Prefiera los avisos de playas, islas y centros turísticos tropicales a los de parques temáticos o eventos deportivos.

14. *Vean una película en la televisión.* Elija una película que usted sepa que ella ha querido ver y cómprele una copia o alquile el DVD.

15. *Dígale que va a llevar a casa comida del restaurante preferido de ella.* No tiene que ser comida rápida ni nada frito. Ahora los restaurantes grandes están empezando a recibir pedidos y tienen áreas especiales de estacionamiento para las personas que van a recoger un pedido para llevar.

16. *Llévele flores y sus revistas preferidas.* Ella pondrá el florero en algún lado donde lo pueda ver a menudo, y cada vez que lo vea se acordará de usted. Leerá la revista mientras toma un baño después de la cena, ya que ese es su tiempo para relajarse y rasurarse las piernas.

17. *Coma una comida saludable.* Kelly Rippa, del programa *Live with Regis and Kelly,* una vez dijo que su esposo sabía cuándo iban a tener relaciones sexuales: las noches en las que ella pedía una ensalada en vez de hamburguesa.

18. *Abrácela y salúdela antes que a los niños.* Nada muestra más

su prioridad que acercarse a ella primero. Abrace primero a la reina y luego al príncipe o a la princesa.

19. *Primero que todo, pregúntele cómo estuvo su día.* No tiene que ser una conversación de veinte minutos, pero antes de encender la máquina para cortar el césped o sacar la basura, averigüe un poco los detalles de su día.

20. *Déle tiempo para hacer ejercicio.* Cuando una mujer se siente bien con su cuerpo y su salud, se sentirá mejor para el sexo. Esta es otra idea que ilustra la relación que hay entre la energía y la motivación sexual.

21. *Limpie después de comer.* El sonido del lavaplatos es una de las mejores formas de estimular a Amy.

22. *Déles un baño a los niños.* Algunos de ustedes ya pasaron esta etapa, pero pueden recordar el agotamiento de aquellos días. Nada como terminar su día tratando de alistar a un niño de dieciocho meses de edad para ir a la cama. Relévela en esta tarea.

23. *Léales libros a los niños.* Cuando me siento en el piso a leerles un libro a mis hijos, Amy me desea. Es divertido ver cómo eso funciona.

24. *Deshágase de todas las distracciones.* Para las mamás jóvenes, eso significa esconder los monitores de bebés y mantener los pañales lejos de la mesa de noche. Para todas las mujeres, eso significa apagar el televisor. La televisión estropea una relación sexual saludable porque las parejas terminan mirando siempre un programa más. Sin televisión, terminan sentándose, charlando y relacionándose emocional y físicamente.

25. *Ponga música.* Usted sabe la música que a ella le gusta, desde Andy Williams hasta un poco de Chicago. Lleve su iPod al trabajo. Si su esposa sabe algo de tecnología, se dará cuenta de que usted se tomó el tiempo para bajar esas canciones en el trabajo. ¡Genial!

26. *Póngase loción.* Este consejo tiene una advertencia: evítela si

ella tiene alergias, y recuerde que utilizar demasiada loción significa que usted va a oler a eso por días.

27. *Encienda unas velas.* Las velas son sus mejores amigas después de las notas adhesivas. Si su esposa se siente insegura con su cuerpo, utilice una vela pequeña en una esquina de la habitación.

28. *Déle un masaje en la espalda.* Un masaje de cinco minutos ayuda mucho a que su esposa se relaje.

29. *Ofrézcase a hacerle un masaje en los pies.* Nada relaja a mi esposa más que unos pies relajados.

30. *Frótele el clítoris.* Pregúntele si puede hacerlo. Hombres: recuerden que ella es la que pone los límites en la habitación.

31. *Sea tierno.* Su esposa quiere un amante fuerte, pero tierno. Para este momento del día, usted habrá pensado demasiado en el sexo, así que estará listo para empezar. No ponga toda su energía en los primeros **treinta** segundos. Vea la intimidad sexual como un maratón, no como una carrera de velocidad.

Advertencia para el esposo y la esposa

Sobre todas las cosas, cerciórese de que todas sus acciones y palabras de amor hacia su cónyuge estén ayudando realmente a edificar su relación. El doctor Gary Chapman nos advierte que amar al cónyuge de la forma en que uno quiere ser amado puede transmitir que usted es egoísta y no ama a su cónyuge.

La amante de todo el día

Tommy Nelson, pastor de Denton Bible Church en Denton, Texas, dicta conferencias sobre Cantares y afirma que los hombres se excitan por lo que ven y también por lo que escuchan. Al tener relaciones íntimas con su esposo, la mayoría de las mujeres nunca han escuchado las palabras: «¡Shhh! ¡Silencio!» ¿Por qué? A un esposo le gusta ver a su esposa, le gusta escucharla, y le gusta tocarla y experimentar la plenitud de quién es ella.

Mujeres, también tenemos una lista para ustedes. ¿Están preparadas?

1. *Déjese ver desnuda.* Así es. Nosotros no necesitamos flores ni música, y la mayoría de nosotros nos sentimos bien incluso si la televisión está encendida.

2. *Incite a su hombre.* Lo que más puede excitar a un hombre es que su mujer lo incite. Saber que Amy me desea físicamente me excita demasiado. Ella me seduce y desea tener intimidad sexual conmigo. Cuando un hombre toma la iniciativa en cuanto a la creatividad, por lo general lo tachan de pervertido, o por lo menos así sentí yo durante la primera mitad de nuestra vida de casados. Cuando Amy toma la iniciativa en la creatividad... ¡sálvese quien pueda! ¡Esa es una receta para un sexo estupendo!

3. *Vístase o desvístase lentamente.* Salga del clóset. Si regularmente le dice a su esposo que se voltee mientras usted se pone el brasier, cambie las cosas. Invítelo a verla mientras se viste. O si se viste en el clóset, invítelo a seguirla por un minuto o dos para que mire.

4. *Haga ruidos.* Mujeres, a sus esposos les encanta cuando ustedes hacen ruidos. Nada los excita más que saber que ustedes están a punto de llegar al orgasmo. Ellos desean complacerla, pero por favor, no finjan.

5. *Cambie de posiciones.* Todos tendemos a tener rutinas en nuestra vida sexual. Si usted siempre es la que está arriba, dígale a su esposo que esta noche va a estar abajo. Y si su esposo siempre está arriba, dígale que usted va a estar arriba esta noche. Cambiar de posiciones le permite ver, tocar y sentir a su esposo de una forma distinta.

6. *Cambien de lugares.* Si siempre tienen relaciones sexuales en la habitación, piensen en la posibilidad de experimentar en una habitación diferente de la casa. Igualmente, cierren las persianas y agréguenle una emoción natural a su vida amorosa.

7. *Agregue una almohada.* Colocar una almohada debajo de la cadera de la persona que está abajo puede cambiar el ángulo y aumentar toda la experiencia sexual. Intente buscar lo que funciona mejor para usted.

8. *Quítese la pijama.* Si usted y su esposo van a la cama todas las noches vestidos desde la cabeza hasta los pies, acuéstense desnudos una noche sin la intención de tener relaciones sexuales.

9. *Tome una ducha.* Puede que usted esté pensando: *Nos bañamos esta mañana.* Pero asearse no es la meta de esta ducha. Abra la llave y tenga mucho cuidado.

10. *Compre sábanas de satín o sábanas con un conteo de hebras de hilo mayor.* Amy me enseñó está valiosa lección. Un día cuando estábamos haciendo compras en Target, su tienda preferida, repentinamente se emocionó mucho cuando vio unas sábanas con un conteo de hebras de quinientos en la zona de descuentos. Era como si hubiera herramientas de Dewalt o Craftsman en descuento. No tenía ni idea de que una mujer pudiera emocionarse tanto por unas sábanas. Pero cuando fuimos a la cama esa noche, finalmente entendí su emoción. ¡Delicioso! Todavía no hemos probado el satín, pero sé que ese día está cerca.

11. *Decore la habitación como si fuera un lugar exótico para ir de vacaciones.* Hacemos decoraciones para fiestas de cumpleaños, ¿por qué no hacerlas para una noche de pasión y romance? Decore la habitación como un hotel hawaiano o un centro turístico en las montañas. Recorte fotos de las revistas. Coloque chocolates en las almohadas. Ponga las flores adecuadas en la mesa de noche. Busque otras pequeñas maneras de cambiar el ambiente.

12. *Salga de casa.* Yo (Gary) tengo un buen amigo que me contó que una noche cuando él y su esposa estaban conduciendo por la ciudad buscando un auto que querían comprar (tenían deseos de cambiar la camioneta familiar), de repente sintieron ganas de tener relaciones y terminaron parqueando la camioneta en un estacionamiento y haciéndolo como si fuera la primera vez. ¿Qué tal la espontaneidad? Se reía cuando me contó esa historia, y dice que él y su esposa todavía se ríen meses después. Otra idea es una que accidentalmente les escuché decir a mis hijos adultos. Ellos se estaban contando en qué probador de la tienda por departamentos les gustaba más tener relaciones.

13. *Explore los alrededores.* Otro amigo mío me dijo que él y su esposa se turnan cada mes para planear una noche íntima juntos (tienen relaciones sexuales más de una vez al mes, pero estas son noches especiales). El mes pasado fue el turno de mi amigo, así que creó una habitación «privada» en su jardín, debajo de las estrellas. Tuvieron relaciones sexuales en el trampolín. El aceite de bebés fue el ingrediente principal (los fabricantes del trampolín no pusieron una advertencia en el equipo, así que permita que esto le sirva de advertencia).

14. *Sea predeciblemente impredecible.* Si usted decide implementar en su vida sexual tres o quizás cuatro de los elementos creativos que mencionamos anteriormente, cámbielos con frecuencia. Si su esposo nunca sabe cuál va a usar, lo picante y la expectativa serán parte del encanto.

15. *Disfrute de un encuentro rapidito.* La única forma en que Meryl y Anthony podían tener un encuentro rapidito un domingo por la tarde era enviando a su hijo de ocho años al balcón con un helado y diciéndole que les informara sobre todo lo que hacían los vecinos.

Cuando estaban en la cama, la pareja podía escuchar a su hijo decir: «Están remolcando un auto en la calle».

Unos momentos después, gritaba: «Una ambulancia acaba

de pasar».

«Parece que los Anderson tienen compañía», exclamaba.

«¡Matt tiene una bicicleta nueva!», decía con un poco de envidia.

«Parece que los Sanders se están mudando», señalaba.

«Jason está montando patineta», gritaba luego.

«¡Los Cooper están teniendo relaciones sexuales!», dijo un día confiadamente.

Sorprendidos, Meryl y Anthony, saltaron de la cama. Anthony le preguntó: «Hijo, ¿cómo sabes que están teniendo relaciones sexuales?»

«Porque Jimmy Cooper también está parado en el balcón con un helado».

Enfrentémoslo: Tener un encuentro rápido no siempre es fácil, especialmente si usted tiene hijos. Pero un rapidito puede ayudar mucho a ponerle picante a su vida sexual. Uno de los mejores consejos que he escuchado sobre los rapiditos es el que Steve Doocy me enseñó en su libro *The Mr. and Mrs. Happy Handbook: Everything I Know About Love and Marriage (with Corrections by Mrs. Doocy)* [El manual del Sr. y la Sra. feliz: Todo lo que sé sobre el amor y el matrimonio (con correcciones de la Sra. Doocy)]: Si usted quiere tener un encuentro rapidito en medio de la tarde y tiene preescolares en la casa, coloque dos pares de zapatos en la secadora y prográmela por treinta minutos. Dos cosas importantes suceden: (1) usted tiene una alarma; la mayoría de hombres no necesitan media hora, pero hay una alarma por si acaso; (2) la secadora es la actividad más ruidosa de la casa.

Beneficios de un encuentro rapidito

• Brinda alivio

• Disminuye el riesgo de la tentación sexual

• Es una manera de reconocer las necesidades del esposo

• Permite un sexo más prolongado después durante la semana

Precauciones de los encuentros rápidos

• Puede descuidarse el deseo de la esposa por llegar al orgasmo

• Demasiados pueden ser agotadores para la esposa normal

Póngale sabor a su experiencia sexual

La comida juega un papel importante en el sexo y las situaciones sexuales. Después de todo, la energía física es una de las claves para un sexo estupendo. Los expertos dicen que cuando usted está bien alimentado y saludable, se interesa más en las actividades sexuales. Eso significa que una dieta saludable y nutritiva es de gran beneficio para una vida sexual satisfactoria, ya que le pone sabor y la energiza.

Las comidas nutritivas brindan la energía que necesita para la actividad sexual. Y si usted come sanamente, será más apasionado durante el sexo. La buena alimentación también aumenta la creatividad, y la creatividad siempre va a mejorar su vida amorosa.

Se cree que las siguientes comidas ayudan a levantar su ánimo:

• Almendra	• Zanahoria	• Leche	• Soya
• Manzana	• Pollo	• Maní	• Espinaca
• Remolacha	• Huevo	• Piña	• Tomate

Los siguientes alimentos son considerados comidas sensuales:

• Crema batida	• Chocolate	• Fresas	• Uvas

Con la actitud romántica correcta, cualquier comida puede convertirse en una experiencia sexual memorable. Empiece por tomar la iniciativa de preparar la cena o ayudar a su cónyuge a hacerlo. Cuando la cena esté lista, sugiera que antes de disfrutarla juntos, ambos deberían pensar en algo seductor. Aliméntense mutuamente de una manera creativa; las partes del cuerpo pueden convertirse en platos y servilletas, y su lengua puede ayudar a obtener lo mejor de cada mordisco. Disfruten cada momento de comer juntos. Al final de la comida, pueden terminar haciendo el amor en la mesa del comedor. ¿Quién sabe?

Deje que sus dedos exploren

Yo (Ted) soy muy sensible. Cuando veo sangre, me desmayo. Hace poco fui a la clínica y el doctor que entró empezó a describir una situación; lo último que supe es que estaba en una camilla tomando una bebida de Kool Aid. ¡La exploración anatómica me produce mareo! Veo luces, me sudan las palmas de las manos y mis rodillas se debilitan. Y todo lo que puedo hacer es buscar un lugar donde sentarme y poner la cabeza entre las rodillas.

La razón por la que describo mi sensibilidad es porque al hacer una investigación para este libro, tarde una noche (así que ahora hay que agregar el hecho de que estaba cansado), me puse a leer *Música entre las sábanas: Descubra los secretos de la intimidad sexual en el matrimonio*, un libro escrito por mi amigo el doctor Kevin Leman. Estaba leyendo en la mesa del comedor. Cuando llegué a la siguiente sección sobre cómo encontrar el punto G de su esposa, me dio mareo:

En primer lugar, hombres, les advierto que el punto G no es un gatillo que se puede apretar para encender los fuegos artificiales a voluntad. Deberás abrirte camino hasta encontrarlo. Si metes algunos dedos por allí y comienzas a hurgar, es probable que tu esposa se convierta en una ballena asesina en vez de una gatita ronroneante. Haz tu trabajo primero, y una vez que tu esposa ya esté excitada, inserta con suavidad uno o dos dedos (la palma de tu mano debe mirar hacia ti) en su vagina. La siguiente parte varía de una mujer a otra, pero por lo regular a unos tres o cuatro centímetros por encima de la abertura de la vagina, sobre la pared del frente, al final sentirás un pequeño punto que tiene unas pocas protuberancias, o que al tacto es un poco más áspero que la piel que lo rodea. Como estás tocando la uretra, es probable que tu esposa se preocupe por la necesidad de orinar, pero pronto, si sigues aplicándole una presión suave, esa urgencia desaparecerá y se convertirá en una sensación muy agradable. Sabrás que te has ganado la lotería cuando escuches los gemidos.[2]

¡Vaya! Tengo que admitir que el enfoque tan vívido y detallado del Dr. Leman hace que la sangre se me suba a la cabeza. Hay algunas cosas que es mejor hacer que decir.

A algunos hombres les puede dar temor penetrar a su esposa con los dedos. Sienten algo de prevención. No obstante, tenga algo en cuenta: durante el sexo, el pene entra a la vagina en un grado mucho más fuerte. También llega mucho más profundo que un dedo. Háblelo con su esposa. Si ella no se siente cómoda con el hecho de que usted busque el punto G, no lo haga. Si ella permite la exploración, proceda con suavidad y pasión.

Una advertencia para las parejas que se sienten agotadas o intimidadas después de leer este capítulo

Si este capítulo lo ha agotado o intimidado, no se preocupe. El mejor sexo es el más simple. La creatividad no tiene como objetivo agotarlo o frustrarlo. Usted puede terminar siendo creativo solo una vez al mes o una vez cada dos meses, y eso está bien. No hay reglas para ponerle sabor a la vida sexual.

Igualmente, ambos deben sentirse a gusto con lo que decidan hacer. Si su cónyuge se siente incómodo con algo, no lo haga. No lo presione. Recuerde que el sexo no debe ser utilizado como un arma ni como una recompensa.

Yo solo como pastel de chocolate en ocasiones especiales, principalmente en los cumpleaños. No es un postre que uno consiga con frecuencia en los restaurantes. Cuando llego a una fiesta y veo el pastel de chocolate con cubierta de crema, mis ojos se encienden y empiezo a justificar por qué puedo comer una porción generosa. El sexo creativo funciona más o menos igual. Permita que sea espontáneo y periódico. Mantengan la expectativa.

En el siguiente capítulo, le mostraremos la relación que existe entre la sexualidad y la espiritualidad. La profundidad de una afecta la profundidad de la otra. Si usted tiene problemas con su intimidad sexual, en el siguiente capítulo lo motivaremos a empezar a buscar la intimidad con Dios.

De GarySmalley.com

P: Mi esposa y yo tenemos un matrimonio estupendo. Hemos creado la seguridad en nuestro matrimonio, pero en la habitación todavía tenemos problemas. La intimidad sexual es muy difícil para mi esposa. ¿Cómo puedo ayudarla?

R: Entiéndala. Sin intentar cambiarla o manipularla, descubra las maneras de consolarla en lo que ella siente con relación al sexo.

La doctora Catherine Hart Weber ha ayudado a muchas parejas en el área de la sanidad sexual. Uno de los factores fundamentales que afectan a muchas parejas de hoy es el siguiente:

La sexualidad, quién es muy dentro de usted mismo, no se trata solo de algo genital o de los asuntos sexuales, sino de quién es usted como persona en el nivel más profundo posible. El sexo es peligroso por fuera del diseño de Dios. Cuando está dentro del diseño de Dios, trae plenitud y sanidad, pero por fuera, trae destrucción y miseria. El sexo tiene implicaciones que van más allá del momento de placer. El mayor potencial del sexo está en el área de nuestra sexualidad. Cuando utilizamos a las personas para tener relaciones sexuales, desfiguramos la belleza de la experiencia sexual. Las víctimas son principalmente las mujeres y los niños.

En un estudio reciente, les preguntamos a las mujeres cuál era su historia, cómo habían sido sus experiencias sexuales en el pasado. Muchas mujeres dijeron haber experimentado algún tipo de trauma sexual; algo en su historia no había estado de acuerdo con el diseño de Dios. Las mujeres hablaron sobre embarazos no planeados, abortos, dar a los niños en adopción, enfermedades de transmisión sexual y abuso sexual. Lo interesante es que la mayoría de las mujeres habían sido tocadas de maneras inapropiadas por algún familiar o alguien que las cuidaba. Existían traumas emocionales: las mujeres decían que la escena del pasado venía de nuevo a sus mentes. Había conflictos en su matrimonio actual: cosas que según ellas estaban bloqueadas en su matrimonio debido a experiencias pasadas.[3]

El trauma sexual afecta profundamente la intimidad física entre un esposo y una esposa. Hay muchos factores que pueden afectar el deseo sexual de una mujer, como el ciclo menstrual, la depresión, o la falta de energía por su trabajo o los niños.

¿Cómo puede ayudarla? Aprenda a hacer buenas preguntas. Permita que sus preguntas tengan la meta de sanar y no solo de tener relaciones sexuales. Hágale saber a su esposa que la plenitud de ella, tanto en lo espiritual como en lo físico y lo emocional, es su meta. Las preguntas deben llevar a una mayor comprensión. Y la comprensión solo creará mayor seguridad en su matrimonio.

Esfuércese por entrar al corazón de su esposa. Este es el nivel más profundo de comunicación que puede tener. La meta de la comunicación en el nivel seis en este caso no es solo tener relaciones sexuales, sino conocer a su esposa a un nivel más profundo de comprensión. Cuando su esposa se sienta segura, es posible que empiece a abrirse a lo que realmente está sucediendo.

Hágase preguntas sobre usted mismo también. ¿Hay alguna actividad en la casa que le robe la energía a su esposa en la noche? ¿Hay algo que usted pueda hacer para ayudarle a ahorrar energía, como limpiar después de cenar o arreglar la casa? ¿De qué otras maneras puede atenderla o esforzarse para crear la seguridad y suplir los deseos de ella?

La esencia del sexo está en la seguridad. Busque y ore por maneras de edificar esa seguridad en su matrimonio cada día. Esto le ayudará a desarrollar la dimensión espiritual de su vida sexual.

Notas

1. Esta sección se basa en «Role of Diet in Sex», *Levitra Bliss*, 2006, http://www.levitrabliss.com/role_diet_in_sex.html (visitado en agosto de 2007).

2. Kevin Leman, *Música entre las sábanas: Descubra los secretos de la intimidad sexual en el matrimonio*, Editorial Unilit, 2004, pp. 149-150.

3. Catherine Hart Weber, *Redeeming Sexuality in Marriage* (conferencia en Saddleback Community Church, Orange County, California, 4 de octubre de 1998).

Resumen

La creatividad en el matrimonio exige mucho esfuerzo,
pero la recompensa es enorme.

«Creatividad» y «sexo» en la misma frase *no* son
palabras pervertidas o sucias.

La creatividad es saludable y puede disfrutarse
sin culpa y con una mayor pasión que nunca.

El esfuerzo que toma ser creativo e impredecible no
siempre es posible. Los niños, los horarios de trabajo
y los oficios de la casa pueden reducir nuestra creatividad. Una solución es tener un encuentro rapidito.
(*Precaución:* al igual que con la comida rápida, una
dieta constante de rapiditos no es saludable.)

Preguntas para discutir en pareja

Algunas de las cosas que prefiero de ti son…

Mis metas como esposo y padre son…

¿Qué te parece la idea de introducir los encuentros
rapiditos en nuestro matrimonio para los días en los
que la vida es muy agitada y ha pasado algún
tiempo sin tener intimidad?

¿Qué te inquieta sobre los encuetros rápidos?

¿Qué podemos hacer para sacar nuestra vida sexual de
la rutina?

CAPÍTULO 10

Las dimensiones espirituales del sexo

El sexo es mucho más que un acto físico. El sexo es una experiencia emocional y espiritual. Gina Ogden, terapeuta sexual e investigadora de la Universidad de Harvard, es la autora del libro *[Las mujeres que aman el sexo]*. Actualmente está estudiando la relación entre las mujeres, el sexo y la espiritualidad. Ella dice: «La clave para una satisfacción más profunda es conectar la sexualidad con la espiritualidad».[1] En otras palabras, la sexualidad y la espiritualidad van juntas. Las mujeres que se sintieron más satisfechas en el área sexual eran también las mujeres más espirituales. Cuando uno pasa por alto la dimensión espiritual que es parte natural del sexo, se pierde parte del placer.

Ya sea que usted se dé cuenta de ello o no, su vida espiritual afecta su vida sexual. Una vida espiritual sana afecta su relación, su actitud y sus emociones. Esa es una razón por la que es tan importante mantener una conexión espiritual en su matrimonio.

Numerosas parejas han compartido con nosotros cómo su relación se ve fortalecida y enriquecida cuando oran juntas. Las parejas que asisten a la iglesia, alaban y participan en estudios bíblicos juntas descubren cosas sobre el otro que nunca habrían descubierto de otra manera.

Los investigadores matrimoniales Scott Stanley y Howard Markman realizaron una encuesta telefónica nacional para determinar dónde se encontraba el mejor sexo. En su investigación se mostró que las personas casadas tienen relaciones sexuales más frecuentemente y disfrutan más el sexo que los solteros. Las parejas que viven juntas pero no están casadas tienen más relaciones sexuales que las que sí lo están, aunque no se dice nada sobre la calidad.[2]

¿Por qué las parejas casadas disfrutan más del sexo? En una palabra, la respuesta es el compromiso. Y el compromiso espiritual profundiza mucho más la relación sexual.

Una de las razones por las que la fe en Dios es tan importante es que sin el contexto de un sistema de valores basado en la fe, la información puede ser mal utilizada para manipular a las personas. El conocimiento en el contexto de la fe trae valor, significado y una forma de expresión que de otra manera no se obtiene. En este capítulo vamos a explorar las dimensiones espirituales del sexo y a presentarle cuatro compromisos espirituales que transformarán su relación con Dios y su cónyuge.

Los cuatro compromisos espirituales

Hay cuatro compromisos espirituales que usted puede hacer con su cónyuge hoy y pueden transformar su matrimonio y su intimidad sexual por siempre.

1. Renunciaré a la expectativa de que mi cónyuge va a suplir todas mis necesidades.

Decidir no esperar que su cónyuge supla todas sus necesidades es un compromiso simple pero poderoso que elimina la presión de su cónyuge. Dios nunca creó a Adán o a Eva como un reemplazo de sí mismo. A lo largo de la historia de la creación, la Biblia dice que Dios vio la luz, el agua, la naturaleza y los animales y dijo que todo era bueno. Sin embargo, cuando creó al hombre, Dios afirmó que algo no era bueno; el hombre necesitaba una ayuda idónea. Nada en la creación podía ser una compañía o una contraparte apropiada para el hombre. De manera que Dios creó a la primera mujer.

No obstante, desde la Caída y la expulsión del Paraíso, muchos hombres y mujeres han intentado reemplazar su relación con Dios por la relación con una persona. Esperamos que nuestro cónyuge sea una de nuestras fuentes principales de vida y alegría. El resultado es la codependencia.

La codependencia se crea cuando dependemos de las personas, lugares o cosas para ser felices. Las personas codependientes culpan a los demás por su infelicidad. Todos tenemos la tendencia a la codependencia. Decimos cosas como estas:

«Si dejaras de hacer eso, yo también dejaría de hacer lo que te molesta».

«Tú empezaste esta discusión».

«Dije que lo haría porque asumí que tú lo harías también».

«Tenemos problemas de dinero que están destruyendo nuestro matrimonio».

«Me estás enojando».

«Si mi esposo cambiara algunos de sus molestos hábitos, tendríamos un matrimonio mucho mejor».

«Si mi esposa dejara de molestar, yo me portaría mejor».

«La culpa de mi mala actitud en las noches la tiene mi jefe».

Filipenses 4:19 dice: «Así que mi Dios les proveerá de todo lo que necesiten, conforme a las gloriosas riquezas que tiene en Cristo Jesús». Dentro del contexto de este versículo, Pablo está motivando a la iglesia, pero el principio se aplica a todas las áreas de nuestra vida. Ultimamente Dios es el que suple todas nuestras necesidades. Él es la fuente de todo lo que somos y seremos.

Cada vez que buscamos que nuestro cónyuge supla todas nuestras necesidades, nos sentimos defraudados y decepcionados. Y a la larga, esto va creciendo hasta que sentimos que no somos apreciados e incluso llegamos a sentir resentimiento. Hay veces en nuestra relación en las que sentimos que no nos están dando lo suficiente.

Incluso en mi propio matrimonio (el de Ted), a veces me pregunto si alguien me aprecia. Hace poco, estaba sudando bajo un calor de treinta y ocho grados porque me encontraba cortando el césped en una pendiente de doce grados. No tenía la mejor actitud. ¿Estaba podando el césped para que mi esposa me alabara y mi familia mostrara su aprecio? ¿O lo estaba haciendo porque soy una persona responsable y era lo que tenía que hacer? ¿Qué quería? El Ted egoísta quería el aplauso. *No pido todo un desfile, pero al menos que muestren que valoran lo que hago.* Esa actitud olía a codependencia.

> *Cada vez que buscamos que nuestro cónyuge supla todas nuestras necesidades, nos sentimos defraudados y decepcionados.*

Cada vez que su comportamiento está motivado por la acción o la reacción de su cónyuge, se está dirigiendo al fracaso. Debe hacer lo correcto sin importar si su cónyuge responde o reacciona. Usted es cien por ciento responsable de sí mismo.

De manera que el desafío en nuestro matrimonio es simplemente este: absuelva a su cónyuge de la responsabilidad. No espere que su cónyuge supla todas sus necesidades. Haga el compromiso de hacer todo lo que pueda para bajar sus expectativas.

Su cónyuge no fue creado para proveerle el amor, la honra o la seguridad más profunda. Es el trabajo de Dios ser nuestro mejor amigo y nuestro rey amante. Todas las leyes de las Escrituras pueden resumirse en solo dos mandamientos: amar a Dios y amar a los demás. Es mucho más esperanzador y relajante saber cuál es la voluntad de Dios y que él nos dará el poder para vivirla. Él es amor y le da su amor gratuitamente a los que quieren conocerlo y servirle. Yo trato de iniciar cada día con la verdad de que Dios me ama más que nadie y desea darme cada vez más de su poder y amor. Realmente quiero conocerlo mejor hoy de lo que lo conocí ayer. Y me gusta atesorar su Palabra viva y poderosa en mi corazón, no solo para conocerlo mejor, sino para hacer mejor su voluntad.

2. Haré todo lo que pueda para buscar mi plenitud en Dios.

El doctor Bob Paul del Instituto Nacional del Matrimonio dijo algo intrigante: «Hay muchas cosas que le van a resultar atractivas a una persona que no se siente realizada». En otras palabras, no sentirse pleno es el combustible de la adicción.

Caemos en esta trampa de la no satisfacción cada vez que empezamos a pensar que si solo tuviéramos un poco más de _____ (llene el espacio), la vida estaría completa. Quizás sea más dinero, tiempo o juguetes. Usted puede pensar que si tuviera más hijos, el trabajo correcto o solo algunas semanas más de vacaciones, eso haría toda la diferencia en su vida. No obstante, como ya dijimos, lo cierto es que la verdadera plenitud surge de una relación vibrante con Dios. Eso significa buscar a Dios sin importar las circunstancias o cuán mal van las cosas.

Yo (Ted) empecé a participar en el ministerio a los veintidós años. Servía en una iglesia en Georgia y un día le pedí lo siguiente al pastor: «La próxima vez que la funeraria llame y le pida hacer un funeral y usted no pueda, ¿podría recomendarme?» Poco tiempo después el pastor recibió una llamada de una funeraria. La persona que murió no tenía iglesia o familia en el área.

Como era mi primer funeral, me puse mi mejor vestido. Estaba muy asustado y emocionado a la vez. Me sorprendí al descubrir que en la funeraria había una sala de lamentos, lo que significaba que la familia estaría sentada detrás de un velo oscuro durante el servicio. Yo estaba parado al lado del ataúd abierto cuando empecé a escuchar «Sublime Gracia». Al final de la canción, el director de la funeraria me hizo una seña con la cabeza.

No estaba muy seguro de lo que significaba esa seña. Además de dos familiares que se encontraban detrás del velo, el director de la funeraria y el muerto, no había nadie más. Caminé hacia el director y la pregunté en voz baja: «¿Dónde está la gente?»

«Este tipo no era muy querido», susurró.

Volví al frente y empecé a predicar. Recuerdo que miraba al velo que me separaba de los familiares y pensaba: *«Esto es lo más loco que he hecho en toda mi vida».* Pero tenía pasión y energía, y prediqué uno de los mejores mensajes que he dado.

Muy frecuentemente, los matrimonios se parecen a esa funeraria. Un velo de desconexión separa al esposo y la esposa. Su cónyuge está ahí, pero usted en realidad no lo ve o no le escucha. Una persona puede ser apasionada y estar llena de energía para Dios, pero la otra es retraída e impasible.

> *Cuando usted se esfuerza por buscar*
> *su plenitud en Dios, no solo se ve*
> *lleno del amor divino, sino*
> *que también puede amar*
> *mejor a su cónyuge.*

El pasaje de 1 Pedro 3 resulta estimulante para las personas que se encuentran en esa situación. En este pasaje se describe a una esposa creyente casada con un esposo no creyente y se afirma que el esposo se dará cuenta del cambio que hubo en la vida de la esposa. En otras palabras, cuando usted busca al Señor con todo su corazón, alma, mente y fuerza, en realidad es transformado. Cuando usted está creciendo en el Señor, naturalmente se vuelve más amable, suave y cariñoso. Eso significa que usted no tiene que esperar por su cónyuge para ir a la iglesia, empezar a leer la Biblia, unirse a un grupo de estudio y orar todos los días. En vez de eso, usted debe vivir su vida como un ejemplo de esas cosas y más. Cuando usted se esfuerza por buscar su plenitud en Dios, no solo se ve lleno del amor divino, sino también puede amar mejor a su cónyuge.

El verdadero secreto para crear más hambre en su cónyuge si él o ella no cree en Dios es permitirle ver en usted un modelo de alguien que se vuelve más como Dios, y además no hacerle ningún tipo de crítica por su comportamiento. La mayoría de las personas no conocen a alguien que haya guardado la Palabra de Dios dentro de su corazón y haya sido guiado a una transformación piadosa, o que se haya sometido al Espíritu Santo y recibido un poder sorprendente para amar y bendecir a los demás. Cuando estos dos hábitos son formados en usted, su cónyuge no creyente podrá descubrir la realidad de Dios y sus caminos. Cuando usted no critica a su cónyuge, se vuelve un testigo de un modelo real del poder transformador de Dios en acción.

3. Asumiré el cien por ciento de la responsabilidad por mi caminar espiritual.

Cuando celebro bodas y una pareja quiere incluir la ceremonia de las velas como parte del servicio, ya no le digo a la pareja que apague las dos velas cuando encienden la de la mitad. En vez de eso, les pido que mantengan encendidas las velas individuales. Entiendo la imagen de la unión que representa esta ceremonia como parte de la tradición. Sin embargo, llevado al extremo, esto puede conducir a una codependencia. Hay tres caminos: su camino, el camino de su cónyuge y el camino marital. Tres velas encendidas pueden representar mejor la verdad de que una relación matrimonial es entre el esposo, la esposa y Dios.

Cuando buscamos a Dios juntos, la distancia que hay entre nosotros disminuye. Si usted es seguidor de Jesucristo, se ha convertido y lo ha confesado como Señor y dueño de su vida, y si cree que él resucitó de los muer-

Dios

Esposo   Esposa

tos, que usted es salvo y crece en la fe, tiene el espíritu de Dios viviendo en usted. Él no está en un edificio. No está en un templo, una estructura o un ídolo construido por manos humanas. La Biblia dice que *usted* es ahora el templo del Dios viviente.

Efesios 3:16-18 dice: «Le pido que, por medio del Espíritu y con el poder que procede de sus gloriosas riquezas, los fortalezca a ustedes en lo íntimo de su ser, para que por fe Cristo habite en sus corazones. Y pido que, arraigados y cimentados en amor, puedan comprender, junto con todos los santos, cuán ancho y largo, alto y profundo es el amor de Cristo».

En otras palabras, cuanto más profunda sea su relación con Cristo, más amoroso llegará a ser usted.

¿Qué dijo Jesús? Él no dijo que nos conocerían como sus discípulos por la forma en que nos venguemos, rezonguemos o queramos tener siempre la razón. Dijo que nos conocerían como sus discípulos por la forma en que nos amemos los unos a los otros.

Jesús nos ha llamado a amarnos, incluso cuando una persona sea difícil de amar. ¡La recompensa es increíble!

> Ya que han resucitado con Cristo, busquen las cosas de arriba, donde está Cristo sentado a la derecha de Dios. Concentren su atención en las cosas de arriba, no en las de la tierra, pues ustedes han muerto y su vida está escondida con Cristo en Dios. Cuando Cristo, que es la vida de ustedes, se manifieste, entonces también ustedes serán manifestados con él en gloria.
>
> Por tanto, hagan morir todo lo que es propio de la naturaleza terrenal: inmoralidad sexual, impureza, bajas pasiones, malos deseos y avaricia, la cual es idolatría. Por estas cosas viene el castigo de Dios. Ustedes las practicaron en otro tiempo, cuando vivían en ellas. Pero ahora abandonen también todo esto: enojo, ira, malicia, calumnia y lenguaje obsceno. Dejen de mentirse unos a otros, ahora que se han quitado el ropaje de la vieja naturaleza con sus vicios, y se han puesto el de la nueva naturaleza, que se va renovando en conocimiento a imagen de su Creador. En esta nueva naturaleza no hay griego ni judío, circunciso ni incircunciso, culto ni inculto, esclavo ni libre, sino que Cristo es todo y está en

todos. Por lo tanto, como escogidos de Dios, santos y amados, revístanse de afecto entrañable y de bondad, humildad, amabilidad y paciencia, de modo que se toleren unos a otros y se perdonen si alguno tiene queja contra otro. Así como el Señor los perdonó, perdonen también ustedes. Por encima de todo, vístanse de amor, que es el vínculo perfecto.

Que gobierne en sus corazones la paz de Cristo, a la cual fueron llamados en un solo cuerpo. Y sean agradecidos. Que habite en ustedes la palabra de Cristo con toda su riqueza: instrúyanse y aconséjense unos a otros con toda sabiduría; canten salmos, himnos y canciones espirituales a Dios, con gratitud de corazón. Y todo lo que hagan, de palabra o de obra, *háganlo en el nombre del Señor Jesús, dando gracias a Dios el Padre por medio de él* (Colosenses 3:1-17, énfasis nuestro).

Este pasaje le brinda un poder ilimitado. Usted no es esclavo de un mal matrimonio ni de un cónyuge que anda a la deriva. Usted no tiene que permanecer en el hoyo. Puede levantarse todos los días y asumir la responsabilidad por la forma en que va a vivir ese día. Puede tener paz en su corazón al concentrarse en Cristo y la eternidad. Su esposo o esposa no son los encargados de su mente ni su corazón.

Como pastor, paso mis días insistiéndole a la gente para que salga del lodo y el fango. Es deprimente vivir así, pero la mayoría del tiempo tengo que luchar con las personas para que lo hagan. Como humanos, podemos llegar a sentirnos muy cómodos en la miseria. Y eso incluye nuestros matrimonios. Por ejemplo, observe el caso de Fred y Cheryl.

Conocí a Fred y a Cheryl cuando estaban separados. Después de quince años de matrimonio, Cheryl estaba cansada de jugar limpio. He aconsejado a muchas parejas que han vivido aventuras extramaritales, pero nunca había visto una situación tan difícil como la que esta pareja vivía. Los dos utilizaban las aventuras para vengarse del otro. Para el momento en el que tuvieron la consejería conmigo, Fred había estado con ocho mujeres diferentes en los quince años, y Cheryl se había involucrado con otros seis hombres. Se trataba de un sexo por venganza. Esta fue la primera pareja que conocí que realmente se odiaba. También fue la primera vez que utilicé el mandamiento de Jesús «ama a tus enemigos» en una consejería matrimonial (ver Mateo

5:44, Lucas 6:27,35).

El hogar de Fred y Cheryl era tóxico. ¿Recuerda en el capítulo cinco cuando hablamos de los niveles de comunicación? Dijimos que en los niveles uno (conversaciones generales) y dos (hechos) no había mucho riesgo de una pelea grande. Sin embargo, Fred y Cheryl se insultaban en el nivel uno: «¿Podrías pasarme la @&*# sal?» «¿Para qué @&*# la quieres?»

¿Por dónde empieza uno con una pareja que está así de enojada? Empecé con una observación:

—Fred. Cheryl. Es obvio que ustedes dos se odian y es evidente que no tienen un matrimonio. Rara vez he aconsejado el divorcio, pero en este caso debo hacerlo para evitar un asesinato. No obstante, debo formularles una pregunta. ¿Me dan permiso para hacerles una pregunta espiritual?

—Bueno —musitó Fred.

—¿Qué pasaría si les dijera que ustedes dos no tienen un problema marital? —pregunté.

—¿Qué? —Cheryl preguntó sorprendida.

—Ustedes no tienen un problema sexual o ni siquiera un problema con la sal —continué. Lo que sucede en su matrimonio, y en su cama, y con los saleros en la cena, son solo síntomas de una necesidad mayor.

—De Jesús, ¿cierto? —preguntó Fred de mala gana. Después de todo, estaban en la oficina de un pastor.

—Fred, toda tu ira, rabia y descontento se derivan de la falta de plenitud en tu vida —dije—. Debes resolver tu ira con la única fuente verdadera de vida.

Fred, Cheryl y yo nos reunimos más de doce veces después de esa primera sesión. Ese fue solo el comienzo de sus nuevas vidas en Cristo. Los motivé con la clave para entender el crecimiento espiritual: Es necesario asumir la responsabilidad por su propio caminar espiritual. Usted debe identificar su propia necesidad de Cristo para llenar el vacío de su vida. Con ese primer paso empieza un camino, no una carrera. Frecuentemente nos gusta pensar que un cambio de vida es resultado de un bonito estudio bíblico de seis o trece semanas. Esto ha creado la idea errónea de que los cambios en la vida suceden rápidamente. Yo creo que un cambio real de modo usual es lento. Prefiero pensar en términos de años, no de semanas o meses. Esto debería motivar a una pareja a no pensar que su matrimonio va a ser perfecto o estará bien después de unas pocas sesiones con un pastor o consejero. Hay que darle tiempo. Fred y Cheryl necesitaron más de doce semanas solo para dar el primer paso: asumir el cien por ciento de la responsabilidad personal por el caminar espiritual de cada uno. Allí fue donde empezó su caminar conjunto hacia la sanidad.

4. Haré de Dios, no de mi cónyuge, el centro de mi vida.

Imagínese por un momento un balde plástico azul. Ahora imagínese que el balde recibe agua constantemente de una fuente limpia y clara como el cristal que viene de Dios. Nunca se agota. A diferencia del balde, su cónyuge tiene limitaciones. A diferencia del balde, su cónyuge a la larga se va a agotar. Su cónyuge no va a tener la energía para suplir cada una de sus necesidades. Jesús le dijo a una mujer que iba con su balde a sacar agua de un pozo que iba a tener sed de nuevo, pero le prometió que si ella bebía de él, no volvería a tener sed jamás.

Cuando usted se entrega a una relación vibrante con Dios, se parece más al balde azul. Se dará cuenta de que Dios mismo lo llenará y lo volverá a llenar día tras día. Se percatará de que estará renovado y listo para darse a su cónyuge, su familia y su comunidad.

Antes de levantarme (Gary) de la cama cada mañana, me gusta recitar Colosenses 3:15 como una oración: «Que gobierne en sus corazones la paz de Cristo». ¿Por qué lo hago? Colosenses 3:16 aconseja lo siguiente: «Que habite en ustedes la palabra de Cristo con toda su riqueza: instrúyanse y aconséjense unos a otros con toda sabiduría; canten salmos, himnos y canciones espirituales a Dios, con gratitud de corazón». Cuando practicamos disciplinas espirituales sencillas como la oración, la alabanza y el compañerismo, nos sentimos plenos, y la paz de Cristo gobierna en nuestros corazones. Cuando nuestro enfoque está en Dios, nuestros cónyuges naturalmente disfrutan de nuestra llenura.

Frecuentemente las parejas creen que su felicidad se basa en el otro. Sin embargo, nuestra felicidad real, nuestro verdadero gozo, se basa en nuestra relación individual con Dios. Las parejas por lo general dicen que necesitan ayuda con su matrimonio, como si no tuvieran problemas como individuos; es solo cuando ellos se juntan que sus problemas y pecados se manifiestan. Culpan al matrimonio de los problemas, pero los problemas estaban ahí antes de casarse.

Hay varias preguntas nocivas que la gente se hace cuando se va a casar, entre ellas las siguientes:

• ¿Cómo me irá?

- ¿Seré feliz?
- ¿Esta persona me va a cuidar?
- ¿Esta persona va a proveerme lo que necesito?
- ¿Esta persona va a suplir todas mis necesidades?
- ¿Esta persona es mi alma gemela?

Algunas personas creen que su matrimonio es malo porque no se casaron con su alma gemela. Esto sencillamente no es cierto. El concepto de alma gemela tiene sus raíces en la idea de la reencarnación. Dicen que el alma de la persona que usted está buscando ha vivido otras vidas con el pasado suyo, así que sus almas se conectan. Platón, un antiguo filósofo griego, se refirió al alma gemela como la otra mitad. El concepto de un alma gemela no tiene una base bíblica y se convierte en una buena excusa como medio de escape para las parejas.

Frecuentemente las parejas creen que su felicidad se basa en el otro. Sin embargo, nuestra felicidad real, nuestro verdadero gozo, se basa en nuestra relación individual con Dios.

Algunas personas casadas han venido a decirme: «En realidad, él es un gran tipo, pero no es para mí». O: «Yo creo que ella es increíble y puede hacer a alguien muy feliz, solo que ese alguien no soy yo». Estas perspectivas son erróneas para tener un matrimonio sano.

¿Cuáles serían entonces las preguntas correctas? A continuación le damos las bases para poner su matrimonio en la vía correcta y permanecer allí:

- ¿Estoy demostrando la imagen y el carácter amoroso de Jesucristo? Si no es así, tengo que grabar sus palabras en mi corazón para no pecar contra Dios o mi cónyuge.

- ¿He asumido la responsabilidad por mis propias acciones y reacciones? Si no es así, debo dejar de echarle la culpa a mi cónyuge y recibir la ayuda que necesito primero de Dios y luego de otros consejeros sabios.

- ¿Entiendo que dentro de mí habita una naturaleza autodestructiva que solo Dios puede arreglar?

- ¿Entiendo que cometo errores, que le fallo a Dios y entristezco su corazón?

- ¿Alguna vez le he clamado a Dios y admitido que lejos de él no voy a lograr ser el cónyuge que debo ser?

- ¿Entiendo que debido a Adán y Eva ahora debo lidiar con el pecado original?

- ¿Entiendo que pecar es básicamente hacer mi propia voluntad e ignorar a Dios?

- Cuándo mi cónyuge vea mi amor profundo y mi transformación, ¿va a querer unirse a mí en este caminar espiritual?

La Biblia dice que «todos han pecado y están privados de la gloria de Dios» (Romanos 3:23). Todos tenemos que lidiar con este problema del pecado. La pregunta es: ¿Cómo respondemos? Romanos 10:9-10 nos instruye a declarar a Cristo como Señor (o dueño) de nuestra vida y a creer en nuestro corazón que Dios lo levantó de los muertos; entonces, la Biblia dice que seremos salvos. Se trata de una decisión que se toma una vez (justificación) seguida por un cambio evidente en el estilo de vida (santificación).

Cuando yo (Ted) les pido a las parejas que compartan su caminar espiritual, por lo general me hablan de una vez en la que ellos hicieron una oración, caminaron por un pasillo, o se pusieron de pie durante una oración en un campamento. Me gustan esas decisiones, pero también busco el fruto. Quiero saber sobre su caminar espiritual, no solo sobre la fecha y la hora de su conversión. Demasiadas parejas tratan sus conversiones como algo que ya es suficiente bueno y no se esfuerzan por conocer más a Dios. Como el cambio de la vida sucede desde dentro, allí también es donde empieza el cambio en el matrimonio. A mí no me interesa la fe de los padres de la pareja o la iglesia en la que crecieron. Me interesa lo que ellos están haciendo hoy para conocer a Dios.

No conozco nada más poderoso que memorizar diez versículos bíblicos que sean pura dinamita y meditar en ellos todos los días durante el resto de la vida. Empezará a ver cambios sorprendentes y más amor del uno por el otro. Es algo que nunca se imaginó. Recuerde que la Palabra de Dios es viva, poderosa, y más cortante que una espada de dos filos (ver Hebreos 4:12).

Lo que me gusta de ir pareciéndose a Cristo es que empezamos a experimentar lo que ya somos por la gracia de Dios. Somos declarados justos. Ser como Cristo no es ganar la salvación, sino ser conformados a su imagen, que es lo que él nos ha llamado a ser. La mayoría de las parejas en crisis no han llegado a este lugar. Tienen problemas porque sus naturalezas pecaminosas se han llevado lo mejor de ellos y uno o ambos cónyuges se han vuelto codependientes. Esperan que sus cónyuges satisfagan sus necesidades y los hagan felices.

La verdadera muestra de madurez radica en la habilidad de experimentar la vida cristiana llena de alegría sin importar las circunstancias.

El mismo principio se aplica al lugar de trabajo. Su jefe no es quien lo hace miserable. Puede que sea difícil trabajar con él, pero Pablo dijo que nosotros tenemos que hacer nuestro trabajo como para el Señor (ver Colosenses 3:23). Mi matrimonio debe ser un lugar, una institución, donde debo amar a Amy y ella debe amarme, porque el Señor está ahí.

La Biblia dice que debemos someternos los unos a los otros por la reve-rencia que le tenemos a Cristo, por lo que Cristo ha hecho. ¿Cómo mostramos la gratitud que tenemos? Por reverencia a Cristo, ame a su cónyuge, incluso cuando sea difícil de amar. Esa es la muestra de la madurez. Recuerde que las personas, los lugares y las cosas nunca lo van a satisfacer completamente. Ellos no son la fuente para suplir nuestras necesidades. Dios, no su cónyuge, es el único que puede suplir todas sus necesidades.

Cómo conectar espiritualmente con su amado

¡Despida a su cónyuge!

Dígale a su cónyuge que su humor, sus emociones, sus palabras y sus reacciones ya no son responsabilidad de él o ella. Usted ya no va a culpar a su cónyuge por los defectos suyos ni lo va a hacer responsable de su caminar espiritual.

¡Acepte el trabajo!

Asuma la responsabilidad. Súbase a la tarima, empiece su caminar de fe y manténgalo en primer lugar por su propio bien.

¡Contrate asistentes!

Usted es el presidente de su vida, pero puede pedirle a su cónyuge que lo ayude. ¿Cómo puede ayudarle? Hay varias maneras en que se pueden ayudar mutuamente:

- Oren por el otro todos los días.
- Oren con el otro todos lo días.
- Lean un libro juntos, pero a horas diferentes y en lugares diferentes. Aprovechen las cenas o las salidas para hablar sobre lo que están aprendiendo.
- Escriba una constitución espiritual o un contrato familiar en donde aparezcan los cuatro compromisos de este capítulo. Fírmenlo juntos. Puede pedirle también a un juez o un pastor que lo firme con ambos. Cuando sus hijos sean mayores, ellos pueden firmar su propio contrato con usted.

El mejor sexo de su vida tiene una dimensión espiritual muy grande. En el siguiente capítulo, le vamos a ayudar a descubrir cómo resolver los conflictos en el matrimonio... antes de que empiecen.

De GarySmalley.com

P: *¿Qué haría usted con un esposo que lentamente se va enfriando en las cosas de Dios y se vuelve adicto a la pornografía?*

R: Déjeme decirle que entiendo lo que siente. Atrapar a su esposo viendo pornografía evoca sentimientos similares al dolor de una muerte. Mi esposa me ha dicho que si ella algún día me atrapara viendo pornografía, no sería muy diferente a entrar en la habitación y atraparme con otra mujer. Eso duele y destruye toda la confianza en la relación. Las mujeres de ninguna manera desean que su apariencia y su cuerpo sean comparados con el de otra mujer. Sin embargo, cuando un esposo ve pornografía, eso es exactamente lo que hace. Dice: «Mi esposa ya no es suficiente. Tengo que ir afuera del matrimonio para estimularme».

Ver pornografía es un comportamiento adictivo que requiere de un tratamiento similar al de la desintoxicación de un alcohólico o un drogadicto.

El dolor es profundo. No le pido que ponga una máscara sobre su dolor y actúe como si nada hubiera pasado. Tiene que guardar su corazón de la amargura. Usted y su esposo son igualmente valiosos ante Dios.

Dios es el único que puede cambiar un corazón humano. En el caso de su esposo, al parecer él está llenando su necesidad de una relación con Dios y los demás con una adicción.

La motivo a grabar en su corazón las palabras de 1 Pedro 3. Es un pasaje muy alentador y está lleno de sabiduría para una esposa creyente en cuanto a cómo influir en su esposo no creyente. El pasaje dice así: «Esposas, sométanse a sus esposos, de modo que si algunos de ellos no creen en la palabra, puedan ser ganados más por el comportamiento de ustedes que por sus palabras, al observar su conducta íntegra y respetuosa» (1 Pedro 3:1-2). La clave para recordar es esta: usted no lo puede cambiar a él.

Evite predicarle. Probablemente ya se habrá dado cuenta de que eso no funciona. Ore por él todos los días. Observe la forma en que se comporta delante de él. Si ve que usted siempre lo critica por su adicción, pero también ve que chismorrea por el teléfono con sus amigas o le miente a su jefe o a un amigo, puede utilizar esa hipocresía como una excusa para no crecer en su propio caminar con el Señor. Observe su propio comportamiento y tenga mucho cuidado de no sentirse como si usted estuviera libre de pecado.

Hágale saber que lo ama, y sea vulnerable con sus propias luchas en la vida y el dolor que esto le ha causado. La honestidad y la vulnerabilidad están dentro del espíritu de 1 Pedro 3. Sobre todo, mantenga la esperanza de que Dios todavía puede cambiarlo, pero concéntrese en que Dios la cambie a usted. Observe lo que va a suceder cuando su esposo la vea crecer y ser más como Cristo cada día.

Notas
1. «Sex and Spitiruality», Oprah.com. http://www.oprah.com/relationships/relationships_content.jhtml? contenId=con_20020916_sexspirit.xml&section=Sex&subsection=Sex (visitado en octubre de 2007).
2. Scott M. Stanley y Howard J. Markman, *Marriage in the 90s: A Nationwide Random Phone Survey*, PREP, Inc., 26 de mayo de 1997, http://www.prepinc.com/main/docs/marrige_90s_1997.pdf (visitado en agosto de 2007).

Resumen

El sexo es mucho más que solo un acto físico;
es una experiencia emocional y espiritual.

Su vida espiritual afecta su vida sexual.

Renuncie a la expectativa de que su cónyuge va a
suplir todas sus necesidades. Esfuércese por
buscar su plenitud en Dios.

Asuma el cien por ciento de la responsabilidad por
su propio caminar espiritual.

Haga a Dios, no a su cónyuge,
el centro de su vida.

Frecuentemente las parejas creen que la felicidad se
basa en el otro. La felicidad real, el verdadero gozo
se basa en nuestra relación individual con Dios.

Preguntas para discutir en pareja

¿Crees que yo demuestro la imagen y el
carácter amoroso de Jesucristo?

¿Crees que yo asumo la responsabilidad por
mis propias acciones y reacciones?

¿De qué maneras podemos incluir nuestra vida
espiritual en nuestra relación?

CAPÍTULO 11

Cómo resolver los conflictos

Aunque no hay estudios específicos que yo (Ted) conozca que nos digan qué porcentaje de parejas pelean en la luna de miel, estoy seguro de que las estadísticas nos sorprenderían. ¡O quizás no! Al igual que la mayoría de las parejas, Amy y yo peleamos en nuestra luna de miel. Estábamos en las Bahamas en un crucero de cuatro días. Ella me dijo con anterioridad que quería bucear con esnórquel y yo respondí: «¡Me encantaría hacer y contigo!» Sin embargo, no sabía lo que me esperaba.

Nos subimos en un barco con aproximadamente ciento cincuenta personas más, lleno de gente y equipos. Cuando vi la pila de equipos de buceo, no pude evitar preguntarme: *¿Cuántas personas han puesto su boca allí?* ¡Que asco! Cuando elegí mi esnórquel, saqué una botella de gel antibacterial de mi bolsillo y empecé a limpiar la boca del mismo. Amy me miraba como si yo fuera de otro planeta, pero no dijo nada.

Tuvimos que hacer una larga fila para entrar al agua, y en un deseo por acelerar las cosas me anticipé y empecé a ponerme la máscara, el esnórquel y las aletas. Todavía estábamos al final de la fila y yo ya estaba listo para saltar. Parecía un completo tonto, pero me dije: *Bueno, ya estoy casado. ¿Qué importa?* Como no quería perderme ni un minuto en el agua, le sugerí a mi nueva esposa que comenzará a alistarse. Ella respondió: «Creo que voy a esperar hasta que lleguemos al principio de la fila. De esa manera puedo poner mis pies en el agua y dejar que se aclimaten a la temperatura. Después me mojaré las rodillas y luego sí me pondré el equipo».

Aunque su lógica era perfecta, a mí me preocupaba mucho más que fuéramos los causantes de que la fila se demorara (aunque estábamos casi al final). Cuando ya estábamos cerca del principio de la fila, volví a decirle a Amy:

—Ya casi llegamos; ¡ponte la máscara y las aletas!

—No —respondió—. Me voy a meter lentamente.

—Pero mira toda la gente que está detrás de nosotros —exclamé—. Y esto me avergüenza.

—No te preocupes por ellos —dijo ella con confianza.

A Amy nunca le ha preocupado lo que otras personas piensen; este es un don que Dios le ha dado y la ayuda a ser una estupenda esposa de pastor. Sin embargo, en ese día fatídico, no aprecié ese don. De hecho, me enojé. Cuando llegó nuestro turno de entrar al mar, cometí un clásico disparate de luna de miel: la empujé al agua.

Para empeorar las cosas, salté y grité: «¡Ven, Amy! ¡Vamos!» Ella no solo perdió una de sus aletas, sino que también perdió el respeto que me tenía. Actué como un tonto inmaduro y ni siquiera me daba cuenta de eso. Mi nueva esposa detestó cada minuto que pasamos en el agua, y cuando finalmente volvimos al barco, me di cuenta de que había cometido un grave error. Ella estaba tan indignada conmigo que incluso en la cena las cosas no habían mejorado. ¡Esa pelea me robó casi dos días de nuestra luna de miel!

Todos experimentamos momentos de ira y conflicto con nuestros cónyuges. Eso es natural. Pero la diferencia entre una relación buena y una relación estupenda es la forma en que se responde a los conflictos. Y en ningún lado es esto más evidente que cuando el conflicto se da en nuestra vida sexual. Esta tensión no es nueva; es algo que incluso Salomón experimentó. En este capítulo, vamos a descubrir a cuatro intrusos que ocasionan conflictos en la relación. Luego vamos a enseñarle cómo manejar el conflicto en el lugar más íntimo que existe: la habitación. Finalmente, le vamos a dar el mejor antídoto posible para el conflicto.

Los intrusos de la intimidad

Algunas veces hay cosas pequeñas que se inmiscuyen en nuestros matrimonios e impiden la intimidad. Salomón las llama *zorras:* «Atrapen a las zorras, a esas zorras pequeñas que arruinan nuestros viñedos, nuestros viñedos en flor» (Cantares 2:15). En esos días, las zorras eran los animales que más destruían los viñedos. Podían destruir un viñedo entero, ya que se comían los brotes antes de que florecieran. Si comían suficientes brotes, podían hacer desaparecer toda una cosecha.

Nuestro viñedo moderno es el matrimonio, y las zorras representan todo lo que pueda dañar el crecimiento y el fruto. Vamos a presentarle a cuatro de esos intrusos, porque seguramente los va a tener que enfrentar en algún punto de su matrimonio.

1. Intensificación

La intensificación aparece cuando empezamos a defendernos o intentamos ganar una pelea. Este intruso lo invita a lanzar una y otra vez frases acusatorias y defensivas. Usted invita a este intruso a su matrimonio cada vez que dice: «Es tu culpa», «Tú siempre...», o «Tú nunca...»

La intensificación es un intruso que aparece callada pero rápidamente. Muchas veces la intensificación aparece porque hemos guardado nuestros sentimientos y emociones. En un solo momento, algo sucede y ¡pum!... dejamos salir todo. La intensificación funciona como un volcán. Uno nunca sabe cuándo va a hacer erupción, y por lo general no puede controlar lo que sale.

La razón principal por la que la intensificación y los otros tres intrusos nos desconectan de nuestro cónyuge y le hacen daño a nuestro matrimonio es porque los cuatro por lo general dejan a ambos esposos con una *ira sin resolver*. La ira sin resolver mata el amor. La ira no solo oscurece nuestros corazones, sino que cuando estamos airados y permanecemos enojados, la ira también saca el amor de nuestro corazón. No podemos ver la luz de Dios o su amor, y caminamos por la casa como ciegos, sin saber cómo volver al camino de la armonía.

2. Palabras duras

Observe que no estamos hablando de groserías o palabras de maldición. Eso solo no cubriría todo el concepto. La Biblia dice: «Eviten toda conversación obscena. Por el contrario, que sus palabras contribuyan a la necesaria edificación y sean de bendición para quienes escuchan» (Efesios 4:29). Utilizar un lenguaje duro es decir cualquier cosa que desprecie, humille o sea cruel.

Las palabras duras llevan a un cónyuge a inferir que la lógica o los sentimientos del otro cónyuge son tontos o absurdos: «Es una locura que pienses o sientas eso». «¡Pero, ¿qué estabas pensando?!» «Te lo he dicho miles de veces».

Proverbios 18:21 dice: «En la lengua hay poder de vida y muerte». Eso significa que el lenguaje duro tiene el poder de quedarse grabado. En un minuto de ira usted puede decir algo que su cónyuge no olvidará nunca.

Así que guarde su lengua.

3. Aislamiento

Este intruso aparece cuando uno de los cónyuges no le responde al otro después de que empieza una pelea: «Fin de la discusión», «Se acabó» y «Muy bien» son formas de aislamiento. «¿Podemos hablar de esto después?» es mi frase preferida para aislarme. Si hubiera una reunión de Aislados Anónimos, este sería el momento en el que yo me levantaría y diría: «Hola. Me llamo Ted y suelo aislarme. Evito el conflicto a cualquier costo». Aquellos que desean que se termine el conflicto suelen aislarse; ellos ni siquiera necesitan resolver el problema. Una persona que se aísla hará o dirá cualquier cosa para que el conflicto se detenga. Y todos los asuntos que quedan sin resolver siguen estando sobre la mesa.

De todos los intrusos, es posible que este no suene tan mal. Es posible que usted esté pensando: *Irse y no pelear parece más sano que intensificar un conflicto.* Yo me he dicho eso a mí mismo en el pasado. Pero la verdad es que resulta igualmente destructivo, porque lo que uno le transmite al cónyuge es que no quiere oírlo. Cuando yo me aíslo, lo que hago es que desconecto y rechazo a Amy. Cuando ella intensifica un conflicto, todo lo que hace es aumentar el número de palabras para ver si logra conectar conmigo. Ella, al igual que muchas mujeres, utiliza las palabras para conectarse.

Cuando discutimos, yo me voy a otra habitación lejos de ella. Cuando salgo de la habitación, me desconecto de ella no solo emocional, sino físicamente. Ella, en su amor por mí, me sigue a la otra habitación.

Después de años de trabajar en esto, Amy y yo hemos llegado al punto en donde podemos resolver la mayoría (aunque no todos) los conflictos en cinco o diez minutos. Mi inclinación probablemente siempre será aislarme, pero ahora establezco un tiempo para regresar y reconciliarme. Amigo, si a usted le gusta aislarse, escúcheme bien: déle a su cónyuge la esperanza de la reconciliación. Establezca un tiempo para regresar. Y haga algo constructivo en ese período de aislamiento: ore y reacepte el compromiso de su caminar espiritual.

4. Suposiciones

Las suposiciones aparecen en el matrimonio cada vez que empezamos a imaginar los motivos por los que la otra persona hizo lo que hizo. Por ejemplo, si su cónyuge llega tarde a casa, usted puede empezar a desarrollar creencias negativas y falsas sobre lo que está sucediendo. Comenzará a imaginarse lo peor de su cónyuge, no lo mejor. Asignar motivos a las acciones de su cónyuge es tóxico para el matrimonio.

Cuando el esposo llega tarde y dice que el tráfico estaba pesado o el jefe citó a una reunión tarde, la esposa que se está recuperando de los efectos de una aventura puede pensar que en realidad estaba con otra persona.

Las suposiciones son algo así: «Sé lo que estás pensando y estás equivocado», «Lo hiciste a propósito», «Estás tratando de arruinar este matrimonio» o «Tú no quieres que yo tenga éxito en mi trabajo, por eso es que te enojas cada vez que llego tarde».

La conversación puede intensificarse rápidamente:

—Llegaste tarde de nuevo y estoy cansada de eso —dice la esposa.

—Querida, tengo demasiado trabajo en este momento —responde el esposo.

—¿Cuándo va a acabar todo esto? —pregunta ella.

—No lo sé —la corta su marido.

Y de repente, aparecen las suposiciones:

La mente de ella	La mente de él
«El ama a su trabajo más que a mí».	«¿Acaso ella no sabe todas las cuentas que hay que pagar?»
«No debimos haber tenido hijos».	«Ella no tiene ni idea de lo que tengo que hacer para que mi jefe esté contento».
«¿Será que está perdiendo su interés en mí?»	«Ella lo que quiere es que yo renuncie y me quede en la casa todo el día».

Todas esas son suposiciones. Como un ladrón que irrumpe en una casa segura, las suposiciones rápidamente afectan el matrimonio. El conflicto marital no tiene nada que ver con los niños, las cuentas, el interés sexual o renunciar. Tiene que ver con los mensajes del corazón, con el nivel seis de la comunicación. Usted debe librarse de sus ideas y comprender el corazón de su cónyuge.

RTM, o el último diez por ciento

Amy y yo hemos desarrollado algo en nuestro matrimonio que nos ayuda a liberarnos de las suposiciones. Lo llamamos RTM: Reestructuración Trimestral del Matrimonio. Hacemos una RTM varias veces al año, por lo general después de que me he aislado por un asunto que no se ha resuelto. El pastor Bill Hybels de Willow Creek Church utiliza el término «el último diez por ciento». Él dice que en los conflictos, por lo general, hablamos de un noventa por ciento del problema sin derramar mucha sangre, sudor o lágrimas, pero el último diez por ciento es el «tema tabú», la parte que pone en riesgo la relación.

Nuestra última RTM tuvo lugar en Branson Landing hace dos meses. Los lunes son los días que no trabajamos en la iglesia. Los martes en la mañana, Amy y yo vamos a desayunar juntos a las seis y media de la mañana. Ese día en particular estábamos silenciosos y sabíamos que teníamos que tener una conversación difícil de corazón a corazón; nos dirigíamos al último diez por ciento.

Amy yo estamos pasando por un momento decisivo en nuestro ministerio y sabemos que Dios nos está mostrando que nos concentremos en el ministerio matrimonial y familiar, pero fuimos los primeros dos miembros del personal que iniciamos Woodland Hills Church hace cinco años y sabemos que todavía tenemos que estar allí. ¿Cómo podemos tener dos ministerios de tiempo completo, uno matrimonial y familiar y otro en la iglesia? Ese era el asunto central de nuestra RTM. Yo soy el esposo, el amante y el pastor de Amy. Esa es la plataforma de nuestra RTM. Amy me puede decir cosas que la mayoría de los directores de los ministerios de niños no pueden decirle a sus pastores. La RTM se dio más o menos así:

—¿Estás enojada?

—Soy muy inteligente con las palabras y puedo decirlas en el mejor momento.

—No, no estoy enojada —respondió Amy.

—Ambos hemos estado muy callados esta mañana. ¿Hay algo de lo que necesitemos hablar? —pregunté.

—¿En dónde te encuentras en este momento con la iglesia? ¿Todavía quieres ser el pastor de Woodland Hills? —preguntó Amy.

Eso me hizo sentir como un fracasado. Interpreté su pregunta como si me estuviera diciendo que estaba haciendo las cosas mal (el intruso de las suposiciones).

– ¿Y qué se supone que eso quiere decir? –inquirí.

(Observen que todo lo que estamos haciendo es preguntas. Esa es una clara señal de que estamos a la defensiva.)

–Bueno, no parecías muy interesado en el contenido de la reunión esta mañana. ¿En realidad quieres seguir adelante con la iglesia y la nueva visión? –preguntó.

Amy y su equipo habían asistido a un congreso en North Point Church en Atlanta, Georgia, donde se les desafió a que la iglesia pasara a un modelo de ministerio por familias. (Compartir la emoción de un congreso con alguien que no asistió hace que la otra persona se sienta mal por no haber ido.) A mí me pareció interesante el concepto que había aprendido tres días antes, pero no compartía el nivel de entusiasmo de Amy. Ella todavía estaba con la «emoción del congreso».

Luego dije una de las cosas más tontas que he dicho en toda mi vida:

–Yo soy el pastor.

Lo dije con la misma madurez y fuerza de cuando tenía **seis** años y declaré: «¡Esta es mi moto Evel Knivel y si no te detienes ahora mismo me la voy a llevar a casa!» ¡Qué tonto fui y qué tonto puedo ser todavía!

Eso alejó a Amy. Le transmitió que yo no quería que me presionara y que era el fin de la conversación. Durante los siguientes quince minutos nadie habló. Nunca unos huevos escalfados sobre un muffin inglés habían sabido tan mal.

Después de quince minutos, dije:

–Lo siento.

No hubo respuesta del otro lado. Supe que las cosas estaban realmente mal.

Entonces, lo entendí. «Lo siento» es una afirmación vacía. Ella necesitaba saber por qué yo estaba arrepentido.

–Siento mucho haber terminado la conversación y no haber entendido tus sentimientos y entusiasmo acerca de la dirección de nuestra iglesia. Siento mucho haber elevado mis opiniones y sentimientos por encima de los tuyos (el intruso del lenguaje duro). ¿Podrías perdonarme?

–Sí, –dijo ella con lágrimas en su rostro.

Que tonto eres, Ted, me dije a mí mismo.

Amy me recordó que no somos enemigos. Que estamos jugando en el mismo equipo. Pasamos la siguiente hora, y el resto del día, compartiendo lo que había en nuestros corazones. Amy me dijo que ella quería ser una madre estupenda más que nada en el mundo, y que un día quería entregarles el ministerio de los niños a unos líderes capacitados y hacerse a un lado. Yo también quiero eso para ella. Le dije que no quiero ser pastor presidente, sino que deseo enseñar y ayudar a las personas con sus problemas de la vida real, no con la organización o la estructura de la iglesia. Ella también quiere eso para mí.

Tuvimos que hacer una RTM para dejar de lado nuestras suposiciones y ayudarnos a concentrarnos en el corazón. Concentrarnos en el corazón nos convirtió de inmediato en compañeros de equipo.

Si usted quiere hacer una RTM o hablar del último diez por ciento, a continuación hay algunas directrices:

1. *Que sea breve y sencilla.* Empiece pidiendo permiso para hablar. Dígale a su cónyuge: «Necesito compartir contigo el último diez por ciento».

2. *Concéntrese en la relación, no en el problema.* El último diez por ciento no debe ser compartido con meseros, cajeros o personas que usted conoce en la calle. El último diez por ciento está diseñado para las relaciones cercanas y es una herramienta para ayudarle a resolver el conflicto. Tenga en cuenta que el conflicto es un valioso momento decisivo para llegar a una intimidad más profunda. Las relaciones son más importantes que las opiniones.

3. *Hágalo personalmente.* Nunca comparta el último diez por ciento por correo electrónico o el teléfono.

¿Cuál es el verdadero problema que genera todos los conflictos en su matrimonio? La Biblia dice: «¿De dónde surgen las guerras y los conflictos entre ustedes? ¿No es precisamente de las pasiones que luchan dentro de ustedes mismos?» (Santiago 4:1). En resumidas cuentas, la fuente de su conflicto radica en que usted tiene una naturaleza pecaminosa y también su cónyuge. Usted es una persona imperfecta y caída que está casada con otra persona imperfecta y caída; solo por la gracia de Dios su matrimonio sigue en pie. La Biblia dice que: «Dios se opone a los orgullosos, pero da gracia a los humildes» (Santiago 4:6). Él desea trabajar en su matrimonio, pero solo si se lo permiten. Usted no puede seguir arreglando su matrimonio por sí mismo. La gracia que Dios quiere darle viene únicamente de él. Pero esa gracia solo puede llegar a aquellos que saben que no son perfectos y entienden que Dios es el único que puede cambiar un corazón humano. Y eso incluye el corazón de su cónyuge.

Cómo manejar el conflicto en la habitación

¿Sabía usted que incluso Salomón y su esposa tuvieron conflictos? ¡Y uno de sus mayores conflictos fue sobre el asunto sexual! En Cantares 5:2, la joven esposa dice: «Yo dormía, pero mi corazón [Salomón] velaba. ¡Y oí una voz! ¡Mi amado estaba a la puerta! "Hermana, amada mía; preciosa paloma mía, ¡déjame entrar!"»

En otras palabras, Salomón le indica que está listo para tener relaciones sexuales. Él le dice palabras tiernas para llamar su atención. En términos modernos, él golpea la puerta y exclama «Mi amor, mi corazón, mi vida».

La joven esposa responde en el versículo 3: «Ya me he quitado la ropa; ¡cómo volver a vestirme! Ya me he lavado los pies; ¡cómo ensuciarlos de nuevo!» Este es el equivalente al dolor de cabeza hebreo. Ella está indicando: «No tengo ganas».

Y quizás esto es justo. Su rey pastor se ha ido todo el día. Sabemos que él no tenía teléfono celular o correo electrónico, así que no le ha hecho saber durante el día cuánto la ama. En vez de eso, golpea a la puerta y le pide que se entregue a él. Quiere tener relaciones con ella. La esposa dice que no. Es su primer conflicto, y tiene que ver con el sexo.

De manera que si usted experimenta conflictos en su matrimonio y su vida sexual, sepa que no es la primera persona a la que le sucede. Afortunadamente, hay algunas maneras para manejar bien el asunto.

Cantares 5:4 dice: «Mi amado pasó la mano por la abertura del cerrojo; ¡se estremecieron mis entrañas al sentirlo! Me levanté y le abrí a mi amado; ¡gotas de mirra corrían por mis manos!». Salomón tocó la puerta y le ofreció mirra líquida, que es una señal de dulzura. Observe que no siguió golpeando.

Locura es hacer lo mismo una y otra vez y esperar resultados diferentes.

En ninguna parte de la Biblia encontramos que pelear, gritar o quedarse callado es la solución a un conflicto. Sencillamente esas cosas no funcionan. Dios no lo ha capacitado para cambiar el corazón de su cónyuge. Ese poder lo tiene solo él. No obstante, Dios lo invita a amar y servir a la persona con la que usted se casó, y a mostrarle las características divinas a esa persona.

Después que Salomón le da a su esposa mirra, se va. Y, ¿sabe qué sucede luego? ¡La Escritura dice que cuando él se va, ella empieza a desearlo! Cantares 5:6 dice: «Le abrí a mi amado, pero ya no estaba allí. Se había marchado, y tras su voz se fue mi alma. Lo busqué, y no lo hallé. Lo llamé, y no me respondió».

Locura es hacer lo mismo una y otra vez y esperar resultados diferentes. Es posible que durante años usted haya reaccionado de la misma manera cuando su cónyuge rechazaba una invitación a tener intimidad sexual. Pruebe con un nuevo enfoque. Responda y no reaccione.

Cuando Salomón se apartó de la situación y dejó de presionar y ejercer coerción, Dios empezó a obrar en el corazón de su esposa. Se trata de una pareja joven en conflicto, pero ambos han estado peleando limpiamente. No hay muestras de desprecio, sarcasmo o maltrato. Sencillamente tienen una pelea.

¿Cómo más pudo Salomón haber tratado con esto? Algunas malas reacciones alternas podrían ser:

«Tú nunca tienes ganas».

«Siempre utilizas la excusa de "estoy cansada:"».

«No hemos tenido relaciones en varias semanas».

¡Esas frases no van a hacer que su esposa se anime! Esas reacciones simplemente la van a alejar. Cuando Salomón se va, muestra madurez, respeto y honra hacia su nueva esposa.

El antídoto para el conflicto

El antídoto para el conflicto es simple pero poderoso: el perdón. Cuando decidimos perdonar, y quiero decir perdonar realmente, dejamos de mirar lo que nos separa y empezamos a ver lo que nos une. Una de las razones más grandes por las que Amy y yo podemos superar el conflicto, causado ya sea por bucear con esnórquel o alguna otra cosa en nuestro matrimonio, es porque le hemos cerrado la puerta al divorcio. Hemos tomado la decisión de que esa no es una opción para nosotros. En Cantares 6:3, la joven esposa se refiere a su pacto cuando dice: «Yo soy de mi amado, y mi amado es mío».

Para honrar nuestro pacto con el otro, tenemos que aprender a perdonar. El perdón es poderoso. Es un antídoto sorprendente contra el egoísmo. Cuando usted decide perdonar, lo único que puede hacer es olvidarse de sí mismo. Usted renuncia al derecho de estar en lo cierto. Solo puede ofrecer el perdón una vez que lo haya entendido, y entender completamente el perdón es algo que viene de Dios. Usted y yo no generamos ni un gramo de amor. No generamos ni un gramo de perdón. El amor y el perdón nos lo da Dios. Amamos porque él nos amó primero.

Usted y yo no generamos ni un gramo de amor. No generamos ni un gramo de perdón. El amor y el perdón nos lo da Dios. Amamos porque él nos amó primero.

Con los años he aprendido mucho sobre el perdón, no solo en mi relación con Amy, sino en todas mis relaciones personales y profesionales. He aprendido que hay una gran diferencia entre *reconciliación* y *conciliación*. La reconciliación significa lograr que las cosas estén como estaban antes. La conciliación significa terminar las cosas de una manera amistosa.

¿Sabe usted qué es lo que la mayoría de las parejas quiere hoy? Ellos no quieren reconciliación cuando ofrecen el perdón; lo que quieren es conciliación. Quieren seguir adelante y terminar la pelea sin tener que tratar los problemas reales, sin tener que buscar el tesoro para descubrir lo que en realidad está sucediendo en el corazón de la otra persona. Tristemente, algunos incuso eligen el divorcio, una forma de conciliación, porque las cosas pueden terminar en términos «amistosos» (a menos, claro está, que usted sea uno de los hijos).

En las mejores relaciones siempre hay reconciliación y verdadero perdón... ¡y como va a leer a continuación, no hay nada mejor después del perdón que el sexo de reconciliación!

Resolver el conflicto aumenta la intimidad

Cuando usted resuelve un conflicto en su matrimonio, la intimidad se da como algo natural. Los mejores matrimonios y relaciones cultivan un espíritu de perdón. ¿Sabe usted cómo tener un espíritu perdonador? Vaya a la Fuente de todo perdón. Si usted no es una persona que perdona, en realidad no entiende cuánto Dios lo ha perdonado. Si usted suele ser una persona criticona, es porque el orgullo se ha apoderado de su corazón. Está ciego a sus propios defectos. Cuándo usted sabe cuáles son sus debilidades, las reconoce y aprende a perdonarse a si mismo mismo, puede extender ese perdón y esa gracia a otras personas.

Y nada prepara a una pareja para la habitación tanto como el perdón. En Cantares 6:11-12, la esposa dice: «Descendí al huerto de los nogales para admirar los nuevos brotes en el valle, para admirar los retoños de las vides y los granados en flor. Sin darme cuenta, mi pasión [Salomón] me puso entre las carrozas reales de mi pueblo». En otras palabras, después del conflicto, ella es restaurada a un lugar más alto del que estuvo antes. Ese es el poder del perdón.

Tres formas de animarse

1. Recuerde su compromiso.

Cuando usted no tenga ganas, recuerde su compromiso. Frecuentemente les digo a las personas que asisten a una consejería prematrimonial que si no están preparadas para tener relaciones sexuales dos o tres veces a la semana, no deberían casarse. El sexo es parte clave del matrimonio. Así que recuerde su compromiso: usted ya no es el dueño de su propio cuerpo. Eso significa que el hombre que está teniendo problemas con la masturbación debe tener en cuenta que la dueña de su cuerpo es su esposa. Debemos honrarnos y amarnos unos a otros.

2. Recuerde que el interés sexual aumenta.

Probablemente usted puede contar historias de las veces en las que no tenía ganas, pero después de empezar se animó.

Ha habido muchos días en nuestro matrimonio en los que ni Amy ni yo teníamos ganas. Sí, los hombres también tenemos días en los que no hay tanta energía para el sexo. Las largas jornadas de trabajo, los niños enfermos, los torneos de béisbol durante todo el día con los niños bajo un calor de treinta y dos grados e incluso acampar son cosas que pueden quitar las ganas. Son esas noches en las que Amy y yo nos miramos el uno al otro mientras nos lavamos los dientes y decimos: «Ya ha pasado una semana».

Nos sorprende a ambos lo rápido que nos dan ganas después que empezamos. El interés sexual realmente aumenta.

3. Recuerde que usted no es el centro

Esto es importante para el esposo *y* la esposa, pero las mujeres por lo general se dan por aludidas. Después de todo, acabamos de hablarles a las mujeres hace un par de capítulos sobre los beneficios de los encuentros rapiditos.

Cuando su meta en el sexo se vuelve darle placer a su cónyuge, usted vive verdaderamente esta realidad: «Hay más dicha en dar que en recibir» (Hechos 20:35).

Una buena resolución de conflictos

Durante ese viaje para practicar el buceo con esnórquel en nuestra luna de miel, Amy y yo enfrentamos todo tipo de desafíos, incluso algunos intrusos: intensificación, palabras duras, aislamiento y suposiciones. Sin embargo, ¿sabe qué sucedió? Buscamos la forma de resolver el conflicto. (Si alguna vez ha estado en un crucero, sabrá que por lo general debe compartir la mesa de la cena con dos o tres parejas más. Así que hablamos de nuestros problemas con una pareja de Boston y una de Maryland).

Nuestra solución al fiasco del buceo durante nuestra luna de miel no fue tan profunda; pero nuestro compromiso para resolver los conflictos en nuestro matrimonio sí lo fue. El hecho de resolver el conflicto es más importante que el resultado o la solución. Hasta este día, once años después, honestamente no me interesa lo que decidamos sobre los problemas siempre y cuando sepa que ambos nos entendemos y nos honramos. Ahora peleamos para dejar ganar a la otra persona. Es extraño, lo sé. Es increíble cómo eso funciona.

El conflicto es un valioso momento decisivo en una relación. El conflicto es bueno porque la reconciliación es mucho más dulce. ¿Sabía usted que el sexo de reconciliación es bíblico? ¿Quiere conocer los dos versículos que por lo general utilizo todo el tiempo en casa y los comparto frente a mis hijos? Son los siguientes: «¡Goza con la esposa de tu juventud!» (Proverbios 5:18) y «¡Que sus pechos te satisfagan siempre!» (Proverbios 5:19).

Así que ahora que conoce los intrusos de la intimidad y sabe cómo resolver el conflicto, debe aprender sobre los predadores de la intimidad. Descubrirá eso y más en el siguiente capítulo.

De GarySmalley.com

P: Mi esposa es muy sensible y dice que yo no lo soy. Ella piensa que mis disculpas son obligadas y que en realidad no siento lo que digo. Cuando hiero sus sentimientos, quiero resolver el asunto correctamente, pero por lo general soy torpe con mis palabras. ¿Cómo puedo disculparme y convencerla de que en verdad lo siento?

R: A continuación hay algunas ideas para disculparse bien:

1. *Piense bien lo que va a decir.* «¿Te has fijado en los que hablan sin pensar? ¡Más se puede esperar de un necio que de gente así!» (Proverbios 29:20). La otra persona sabrá qué tan sincera es su disculpa dependiendo de cuánto haya pensado usted para hablar.

2. *Concéntrese en los sentimientos de ella, no en los problemas.* «Es cierto que todos tenemos conocimiento. El conocimiento envanece, mientras que el amor edifica». (1 Corintios 8:1). La solución se centra en el problema, pero la reconciliación se enfoca en la relación. Hágale saber a su esposa que su matrimonio es más importante que el desacuerdo.

3. *Vuélvase ágil en el uso de las palabras.* Escoja palabras buenas y significativas. «Panal de miel son las palabras amables: endulzan la vida y dan salud al cuerpo» (Proverbios 16:24). «El charlatán hiere con la lengua como con una espada, pero la lengua del sabio brinda alivio». (Proverbios 12:18). «La respuesta amable calma el enojo, pero la agresiva echa leña al fuego» (Proverbios 15:1).

4. *Recuerde que menos es mejor.* Algunas veces en nuestras disculpas podemos sacar a la luz tres asuntos nuevos cuando tratamos de corregir uno. «Sin leña se apaga el fuego» (Proverbios 26:20). «El que mucho habla, mucho yerra; el que es sabio refrena su lengua» (Proverbios 10:19). «El que es entendido refrena sus palabras; el que es prudente controla sus impulsos. Hasta un necio pasa por sabio si guarda silencio; se le considera prudente si cierra la boca» (Proverbios 17:27-28).

Esperamos que estos consejos y versículos le ayuden a cambiar las disculpas repetitivas y programadas por disculpas significativas y sentidas.

Resumen

Algunas veces las cosas pequeñas que impiden la intimidad pueden aparecer en nuestros matrimonios. Salomón les llama a estos intrusos «zorras»: «Atrapen a las zorras, a esas zorras pequeñas que arruinan nuestros viñedos, nuestros viñedos en flor» (Cantares 2:15). Estos intrusos son: *intensificación, palabras duras, aislamiento* y *suposiciones*.

Locura es hacer lo mismo una y otra vez y esperar resultados diferentes.

El antídoto para el conflicto es simple pero poderoso: el perdón.

Cuando resuelve un conflicto en su matrimonio, la intimidad se da como resultado natural.

Preguntas para discutir en pareja

¿Qué intruso es el mecanismo de defensa más común en nuestros conflictos?

¿Qué podemos hacer para cazar a esos intrusos y sacarlos de nuestro matrimonio?

¿Hay algunas «zorras» sueltas en este momento por las que debo buscar el perdón?

CAPÍTULO 12

Los predadores que arruinan el mejor sexo de su vida

Erma y Fred contaban con un presupuesto porque Erma tenía un pequeño problema con las compras. Una tarde llegó a casa y Fred estaba sentado leyendo el periódico. Ella lo miró desde detrás de una de las paredes y dijo:

—Fred, te tengo una sorpresa.

Él la miró por encima de sus anteojos.

—¿Qué compraste?.

—Cierra tus ojos; es una sorpresa.

Después que Fred cerró los ojos a regañadientes, Erma salió y dijo con alegría:

—¡Ta-tan!

—Erma, ¿qué hiciste? —preguntó Fred.

—¿Te gusta? ¿Cómo me veo? —preguntó ella.

—¿Cuánto te costó? ¡Dímelo! —insistió él.

—¿Acaso no se ve estupendo con estos zapatos?

—Erma, ¿cuánto te costó?

Finalmente, ella accedió a contarle cuánto había costado el vestido.

—¿En qué estabas pensado? ¿Qué pasó por tu mente cuando estabas en la tienda?

—Bueno, fui al vestidor y me probé el vestido. Me miré al espejo, y el diablo me hizo comprarlo. Se veía muy bien.

—¿Por qué no simplemente le dijiste al diablo: «Atrás, Satanás»? —preguntó Fred.

—¡Lo hice, y él dijo que se veía muy bien desde atrás también!

Esta historia es cómica, pero no tiene un final feliz. A Fred le gustaba una de las mujeres de su oficina y no se la podía sacar de su cabeza. Erma quedó destrozada cuando se enteró de esta aventura al poco tiempo.

La tentación sexual es cada vez más común y está cambiando para mal a nuestra sociedad y nuestro país. La fortaleza de cualquier país es la unidad familiar, una base sobre la que los padres crían a sus hijos en el temor de Dios y según la Biblia. Si se destruye la unidad familiar, se puede destruir un país. Por eso, proteger su relación es tan importante. En este capítulo vamos a revelar los cinco predadores de los que las parejas gradualmente caen presas antes de descubrir que han llegado demasiado lejos, y compartiremos con usted la forma de guardar su relación y su vida sexual.

Los cinco temidos predadores sexuales

Los temidos predadores sexuales que buscan sabotear su vida amorosa y destruir su matrimonio tienen cinco caras. Como es cierto que tanto los hombres como las mujeres pueden caer en la inmoralidad, todos tenemos que aprender a reconocer a los destructores para evitar una caída. Es como dice Pablo: «No ignoramos sus artimañas [las de Satanás]» (2 Corintios 2:11). Y Pedro lo corrobora así: «Su enemigo el diablo ronda como león rugiente, buscando a quién devorar» (1 Pedro 5:8). Aunque el diablo no puede tomar su alma porque usted está seguro con Jesús, puede llevarlo al punto en el que se sienta descalificado, distraído y perdido. Si estudia el Antiguo Testamento, encontrará que muchos líderes se perdieron por causa de la inmoralidad. La buena noticia es que una vez que conozca los cinco predadores sexuales, podrá protegerse a sí mismo y a su familia.

1. El predador de la falta de intimidad

Hasta ahora hemos aprendido que la intimidad no es solo sexual, sino que también es emocional. La intimidad significa poder sentarse con su cónyuge y comunicarse libremente. Si usted llega al punto en su matrimonio en el que hay un vacío emocional, una ausencia de intimidad, ese vacío va a exigir ser llenado, y es posible que experimente el fatal predador sexual conocido como la falta de intimidad.

Si en su matrimonio usted se convierte en mayordomo o en empleada del servicio, tiene una falta de intimidad; la intimidad en la relación ha desaparecido. Yo (Ted) recuerdo las palabras de una joven mujer que dijo algo que nunca olvidaré: «Me encantaría que mi esposo me tratara tan bien como trata a las meseras cuando salimos a comer y dice "por favor" y "gracias" y muestra que valora el trabajo de ellas».

Si usted no satisface a su cónyuge en lo que se refiere a la intimidad, puede tener la certeza de que el diablo ha escogido a alguien cercano que sí lo hará. Le aseguro que él hará aparecer a esa persona frente a su cónyuge en los momentos más oportunos, y será presa de este predador.

2. El predador de la fantasía

El predador sexual conocido como la fantasía aparece cuando usted empieza a crear su propia Isla de la Fantasía en su imaginación: empieza a imaginarse con otra persona. Comienza a pensar cómo esa persona le responde, se ríe de sus chistes y reconoce cosas pequeñas sobre usted que su cónyuge ha olvidado o no ha mencionado. Cuando usted quiere más de esa droga que ya ha probado, se vuelve adicto, y empieza a crear una estupenda fantasía con esa persona. Empieza a soñar despierto, y en el proceso invita al segundo predador a su vida: la fantasía.

La razón por la que el jardín del otro lado de la cerca se ve más bonito es porque usted lo está regando con su manguera o hay un escape séptico.

Ahora bien, es posible que en un principio la fantasía parezca inofensiva, ¡pero no se deje engañar! Este predador es mortal. Posiblemente usted empiece a mirar el otro lado de la cerca porque el jardín se ve más bonito allí. No obstante, alguna vez escuché a alguien decir que el jardín del otro lado de la cerca se ve más bonito porque es el que usted está regando con su manguera. El lugar que riegue y alimente con sus pensamientos es el que se va a ver como el paraíso, y usted va a empezar a pensar que tiene que estar allá. Lo que ha sucedido es que su propio jardín se ha secado y ha muerto porque usted no lo está alimentando ni regando. El jardín que se ve más bonito es el que usted riega con sus pensamientos. Uno naturalmente quiere estar donde se ve más bonito.

Para enfrentar al predador de la fantasía, cerciórese de llevar cautivo todo pensamiento a la obediencia a Cristo. Aquí es donde se tiene que preguntar: *¿Qué puedo hacer para mejorar mi relación con mi cónyuge?* En otras palabras, ¿qué puede hacer para que su jardín se vea más bonito? Empiece a regarlo con sus pensamientos. Constantemente tendrá que sacar fuera de su cabeza los pensamientos impuros y reemplazarlos por pensamientos piadosos. Como lo dijo Pablo, consideren bien todo lo justo, lo puro, lo amable, lo digno de admiración (ver Filipenses 4:8).

Usted sí puede controlar sus pensamientos. El diablo no es el que causa que piense tales cosas; usted decide lo que entra en su mente. Usted puede decidir luchar contra el predador de la fantasía y volver a la realidad. La buena noticia es que no tiene que hacerlo solo. Puede buscar ayuda. Puede buscar apoyo. Siempre hay personas a nuestro alrededor que están dispuestas a orar por uno, amarlo y animarlo a vivir de una manera pura y santa.

Jesús dijo: «Ustedes han oído que se dijo: "No cometas adulterio". Pero yo les digo que cualquiera que mira a una mujer y la codicia ya ha cometido adulterio con ella en el corazón» (Mateo 5:27-28).

De hecho, la Biblia dice muchas cosas sobre la lujuria y la pureza:

- Job 31:1 dice: «Yo había convenido con mis ojos no mirar con lujuria a ninguna mujer».

- El Salmo 101:3 dice. «No me pondré como meta nada en que haya perversidad».

- 2 Corintios 10:5 dice: «Llevamos cautivo todo pensamiento para que se someta a Cristo».

Ya sea que usted esté o no casado, enfrentará tentaciones sexuales. Cuando José era joven, fue tentado, ¿y sabe usted lo que la Biblia dice que hizo? Hizo lo que todos debemos hacer cuando nos enfrentamos con el predador de la fantasía: ¡salió corriendo! Él no se quedó quieto. No se quedó para ser parte de la situación ni dejó que su mente volara. Él se fue. Huyó. (En Génesis 39 se encuentra todo el episodio completo.)

¿Qué hizo Jesús cuando fue tentado por el diablo tres veces? Utilizó la Palabra de Dios. Cuando usted sea tentado en su mente, haga lo mismo (ver Mateo 4:1-11, Lucas 4:1-13). Cuando sea tentado en la carne, huya; salga de allí. Son muchas las personas a las que les he dado consejería y dicen:

—Mi novia y yo tuvimos relaciones.

Yo pregunto:

—¿De verdad? ¿Y qué estaban haciendo?

—Bueno, estábamos solos y empezamos a besarnos y las ropas comenzaron a desaparecer.

Y ellos se preguntan por qué pecaron. Si usted deja que el predador de la fantasía entre a su vida, no pasará mucho tiempo antes de que otros predadores lo sigan.

3. El predador del encuentro intencional

Uno cae presa del encuentro intencional cuando, en efecto, empieza a construir un puente desde la Isla de la Fantasía. Allí es donde usted empieza a jugar con la tentación, como lo hizo Sansón con Dalila. Ya debe saberse la historia bíblica: Sansón (cuyo nombre significa «sol») empieza a meterse con Dalila (cuyo nombre significa «rizos»), y Dalila lo maneja con su dedo pequeño hasta que finalmente se roba la luz y la vida de Sansón. Al final, Sansón termina ciego, atado y encadenado. Y muere quemado. (Lea Jueces 16:4-22 para más detalles.)

Ponerse intencionalmente en el camino de la persona que puede llenar su vacío emocional es invitar a un predador mortal a su relación matrimonial. Si la persona es un compañero de trabajo, usted se cerciora de que ambos vayan a tomar agua o disfruten de un descanso al mismo tiempo. O decide trabajar horas extras cuando se quedan solo ustedes dos en la oficina. Si es un mesero o una mesera, usted averigua cuál es el turno de esa persona para estar allí. Se asegura de estar en el lugar correcto a la hora precisa, y en el proceso cae presa del predador del encuentro intencional. Nos gusta lo que nuestro amigo el doctor Gary Chapman dice sobre los encuentros intencionales en la oficina: «Si usted tiene este problema en la oficina, deje de beber agua con esa persona. Si esa mujer algún día se va de la oficina, ahí sí puede volver a empezar a tomar agua de nuevo».

Allí es donde las cosas se empiezan a poner peligrosas. Proverbios 7:6-9 dice: «Desde la ventana de mi casa miré a través de la celosía. Me puse a ver a los inexpertos, y entre los jóvenes observé a uno de ellos falto de juicio. Cruzó la calle, llegó a la esquina, y se encaminó hacia la casa de esa mujer. Caía la tarde. Llegaba el día a su fin. Avanzaban las sombras de la noche». En otras palabras, este joven estaba yendo al lugar donde sabía que iba a tener ese encuentro de nuevo. Bajó por la calle cerca de la esquina y caminó en dirección a la casa de la mujer en el crepúsculo, cuando el día llegaba a su fin. ¿Qué hora del día era? ¿Dónde estaba él? Estaba en la zona roja.

Proverbios 7 continúa: «De pronto la mujer salió a su encuentro, con toda la apariencia de una prostituta y con solapadas intenciones. (Como es escandalosa y descarada, nunca hallan sus pies reposo en su casa...)» (versículos 10-11). No hay temor de Dios en esta mujer. Ella ha hecho un pacto de matrimonio, pero no le importa. Para ella no significa nada.

«(Unas veces por las calles, otras veces por las plazas, siempre está al acecho en cada esquina.) Se prendió de su cuello, lo besó, y con todo el descaro le dijo: "Tengo en mi casa sacrificios de comunión, pues hoy he cumplido mis votos"» (versículos 12-14). En esencia, lo que ella dice es: «Soy cristiana, así que está bien. Tengo pescado fresco en la cajuela del auto. Escucha: tú no eres feliz con tu matrimonio y no eres feliz con tu esposa, así que salgamos juntos». Tristemente, hemos visto demasiadas personas que dicen que Dios les habló y les dijo que se divorciaran. No obstante, cuando les preguntamos a esas personas engañadas: «¿De verdad? ¿Por qué motivo?», la respuesta por lo general es la misma: porque no son felices.

Yo (Gary) recuerdo que una vez estuve muy cerca de engañar a Norma. Teníamos tres hijos. Estaba ocupado en el trabajo y solo en el camino. Me sentía con demasiadas responsabilidades y cansado. Por si esto fuera poco, también tenía fácil acceso a los hoteles debido a mi agenda de viajes, y sin darme cuenta, resulté trabajando hasta tarde con una mujer.

Una noche, mientras tratábamos de terminar un proyecto para mi jefe, esta mujer y yo trabajamos hasta tarde. Como era tarde, terminamos trabajando en mi habitación del hotel. Había que entregar el proyecto en dos días y yo no podía hacerlo solo, o por lo menos eso era lo que pensaba en ese momento. Literalmente, estaba ardiendo de deseo.

Aunque nunca la toqué de una manera inapropiada, dejé que mi imaginación volara. Creo que tuve relaciones sexuales con ella en mi mente cientos de veces. Años después, ella admitió que habría caído en mis brazos si se lo hubiera propuesto.

Cuando pienso en esa noche, todavía recuerdo la guerra que había dentro de mí: la idea de herir a Norma y a mis hijos. La idea de ser rechazado. La idea de alejarme de Dios. La idea de deshonrar el ministerio al que Dios me había llamado. La idea de todas las consecuencias que había escuchado de otras parejas que habían sido destruidas por una aventura. Todos esos pensamientos me bombardearon al mismo tiempo.

Y la imagen que me impactó más que todas las demás fue ver a mis tres hijos con sus ojos entristecidos mientras ellos y Norma se alejaban de mi vida. Era demasiado.

En ese momento no sabía que podía tener libertad sexual. No sabía cómo ser libre. No sabía que podía guardar la Palabra de Dios en el corazón y eso podía liberarme de la tentación sexual.

4. El predador de la expresión

Una vez que usted cruza el puente de la Isla de la Fantasía, empieza a descargar su corazón. Sus expresiones son como un uego de tenis verbal, y las llamadas o los correos electrónicos son más o menos así:

—Me encanta pasar tiempo contigo.

—A mí también.

—Es mucho mejor cuando estoy contigo que cuando estoy con mi esposa.

—Sí, a mí me pasa lo mismo. Mi esposo no me hace sentir de esta manera.

—Mi esposa tampoco.

Usted continúa con este juego de tenis verbal, y en ese momento ya ha hecho todo menos el acto. Cuando usted se encuentra con el predador de la expresión, cuando empieza a descargar su corazón y a recibir palabras positivas de la otra persona, su relación matrimonial está a punto de acabar.

En Proverbios 6:27, Salomón dice: «¿Puede alguien echarse brasas en el pecho sin quemarse la ropa?» Si usted empieza a jugar en esta área, se va a quemar. Es posible que se sienta tentado a argumentar que esa persona lo hace sentir bien o vivo, o que esa persona lo hace sentir como su cónyuge jamás lo ha hecho sentir. Sin embargo, usted hizo un pacto con el Dios todopoderoso, y Dios no toma a la ligera los votos que se rompen.

5. El predador del acto en sí

Después que ha abierto su corazón, se vuelve susceptible al predador conocido como el acto en sí; es solo cuestión de estar solos o encontrar algún lugar para experimentarse el uno al otro. Allí hay un gran peligro. Las consecuencias de esta sola decisión, que puede que se sienta bien en ese momento, van más allá de lo que puede comprender. Por eso, siempre aconsejo lo siguiente: Mire más allá del placer hacia el dolor. Mire a su Salvador, el Señor Jesucristo. Luego mire a las personas más cercanas a usted: su cónyuge, sus hijos, su familia, sus compañeros de trabajo, sus vecinos. Usted los va a herir a todos ellos. Va a dañar su confianza, su fe, sus creencias y sus corazones.

En mi libro (de Gary) *The Language of Love: How to Be Instantly*

Understood by Those You Love [El lenguaje del amor: como ser entendido instantáneamente por aquellos que usted ama], Cómparto la historia de una joven que le escribió una carta a su padre. Él había dejado a su familia por otra mujer. Un día, al revisar el correo en su nuevo hogar, encontró una carta de su hija:

Querido papá:

Es tarde ya y estoy sentada en mi cama escribiéndote. He querido hablar contigo muchas veces durante las últimas semanas, pero nunca parece haber tiempo para estar solos. Papi, sé que estás saliendo con alguien y puede ser que tú y mamá nunca vuelvan a estar juntos. Esto es terriblemente difícil de aceptar, en especial sabiendo que es posible que nunca regreses a casa y nunca vuelvas ser un papá de todos los días para mí y Brian.

Al menos quiero que entiendas lo que está pasando en nuestras vidas. No pienses que mamá me pidió escribirte esto. No lo hizo. Ella no sabe que te estoy escribiendo, y tampoco lo sabe Brian. Solo quiero compartir contigo lo que he estado pensado. Papá, siento como si nuestra familia hubiera estado montada en un auto muy bonito durante un largo tiempo. El tipo de auto que a ti siempre te gustó; el tipo de auto que tiene un espacio interior amplio y no tiene un solo rayón por fuera.

Durante los años, el auto ha desarrollado algunos problemas. Produce mucho humo, las llantas se tambalean, y la tapicería de los asientos está rota. El auto ha sido muy difícil de conducir porque tiembla y tiene ruidos, pero sigue siendo un automóvil estupendo, o por lo menos podría serlo si se arregla un poco. Sé que podría seguir funcionando durante años. Desde que tenemos el auto, Brian y yo nos hemos sentado en la silla de atrás mientras tú y mamá se han sentado adelante. Nos sentimos realmente seguros cuando conduces y mamá está a tu lado.

No obstante, durate el último mes, mamá ha estado conduciendo. Era de noche y estábamos ya cerca de la casa. De repente, todos miramos hacia arriba y vimos otro auto fuera de control que se dirigía directamente hacia nosotros. Mamá intentó salirse del camino, pero el otro auto alcanzó a chocarnos. El impacto nos mandó volando fuera del camino y chocamos contra un poste de luz. El asunto es que antes de chocar, pudimos ver que eras tú el que conducía el otro auto. Y vimos algo más: al lado tuyo estaba otra mujer.

Fue un accidente terrible y todos terminamos en la sala de urgencias. Sin embargo, cuando preguntamos dónde estabas tú, nadie sabía. Todavía no sabemos dónde estás, si te encuentras herido o necesitas ayuda. Mamá quedó muy malherida. Se pegó contra el volante y se rompió varias costillas. Una de ellas le perforó un pulmón y casi le punza el corazón. Cuando el auto chocó, la puerta de atrás pegó a Brian. Quedó cubierto de los vidrios, se partió un brazo y lo tuvieron que enyesar. Pero eso no es lo peor. Todavía tiene mucho dolor y está muy impactado, y no quiere hablar ni jugar con nadie. En cuanto a mí, me salí del auto con el golpe. Permanecí en el frió durante un largo tiempo y me partí la pierna derecha. Cuando estaba allí, no me podía mover y no sabía qué le había pasado a mamá o a Brian. Sentía tanto dolor que no podía ayudarlos.

Ha habido veces desde esa noche en las que me pregunto si alguno de nosotros va a lograr recuperarse. Aunque nos estamos mejorando, todavía permanecemos en la clínica. Los doctores dicen que voy a necesitar mucha terapia para la pierna y sé que me pueden ayudar a mejorar, pero desearía que fueras tú el que me ayudara y no ellos. El dolor es muy fuerte, pero lo peor es que todos te extrañamos demasiado. Todos los días esperamos a ver si vienes a visitarnos al hospital y tú no llegas. Sé que todo ha acabado, pero mi corazón explotaría de alegría si de alguna manera pudiera verte entrar en mi habitación. Por las noches, cuando el hospital está muy callado, nos llevan a Brian y a mí a la habitación de mamá y todos hablamos sobre ti. Hablamos de lo mucho que nos gusta conducir contigo y de cómo desearíamos que estuvieras con nosotros ahora.

¿Estás bien? ¿Quedaste herido del accidente? ¿Nos necesitas tanto como nosotros a ti? Si me necesitas, aquí estoy y te amo.

Tu hija,
Kimberly[1]

Siempre mire más allá del placer; mire hacia el dolor. El pecado es divertido por un breve momento, y luego Satanás se ríe de último cuando usted cae. Quiero aconsejarle algo que pueden hacer como esposos para cerciorarse de que tal cosa no suceda en su matrimonio. Si usted hace solo esto, va a llenar el vacío emocional y un noventa y cinco por ciento de las veces el problema estará resuelto.

En dos palabras: *salgan juntos*. Pueden ser cinco palabras: *salgan juntos en la noche*. Y que esto no sea negociable.

De GarySmalley.com

P: Trabajo en una oficina donde me siento muy tentado. ¿Cómo lucho contra la tentación sexual en la oficina?

R: Fije directrices y estándares altos para usted y cúmplalos.

A continuación encontrará una lista que mi pastor Ted Cunningham compartió con la congregación hace algunas semanas. El adaptó esta lista de la que hizo el pastor Rick Warren para su equipo pastoral en Saddleback Church en California. Tome esta lista y hágala suya. Adáptela a su ambiente de trabajo. Discútala con su jefe. Hable de ella con su cónyuge.

1. No irás a almorzar solo con alguien del sexo opuesto. (Las personas que tienen más de sesenta y cinco años pueden hacerlo. No me pregunten por qué escogí arbitrariamente esa edad. La idea no es ofender a nadie.)

2. No permitirás que nadie del sexo opuesto te recoja o te lleve a lugares donde estén solos los dos.

3. No visitarás a una persona del sexo opuesto que está sola en su casa.

4. Mantendrás la puerta abierta cuando estés aconsejando a alguien del sexo opuesto solo, y no darás consejería a alguien del sexo opuesto más de una vez sin el cónyuge de la persona. Remítelos a alguien más.

5. No discutirás problemas sexuales detallados con alguien del

sexo opuesto en consejería. Remítelos a otra persona.

6. No discutirás problemas de tu matrimonio con una persona del sexo opuesto.

7. Tendrás cuidado al responder los correos electrónicos o las cartas de las personas del sexo opuesto.

8. Permitirás que cualquier miembro del personal entre a tu computadora a revisar la historia de tu navegador sin previo aviso.

¿Ve usted algún punto en esta lista que podría funcionar en su sitio de trabajo? La lista puede ser el inicio para edificar una gran seguridad en su matrimonio.

Hace poco trabajé con una pareja que me contó que la esposa estaba celosa de que su esposo viajara tanto fuera de la ciudad con una mujer de su oficina. Ella pensaba que esto ponía a su esposo en una situación comprometedora y tentadora. Su preocupación fue razón suficiente para que él no volviera a hacer esos viajes, pero le preocupaba perder su trabajo si le explicaba esto a su jefe. Yo lo animé a compartir la integridad que había detrás de esa decisión. Proteger el sexo en el matrimonio es un asunto de integridad, por no mencionar la seguridad que esto le da a la relación. Él se negó a hacer más viajes y su jefe no tuvo ningún problema con esta decisión. De hecho, el jefe aplaudió su decisión de honrar la petición de su esposa.

No se ponga en situaciones en las que va a ser tentado. Salga corriendo cuando sienta surgir la tentación. «Manténganse alerta. Su enemigo el diablo ronda como un león rugiente, buscando a quien devorar» (1 Pedro 5:8). Así que tenga cuidado.

Notas

1. Gary Smalley y John Trent, *The Language of Love: How to Be Instantly Understood by Those You Love*, Tyndale House Publishers, nueva edición, Carol Stream, IL 2006, p. 20.

Resumen

El predador de la falta de intimidad entra en un matrimonio cuando hay un vacío emocional, una ausencia de intimidad, y ese vacío exige ser llenado.

El predador de la fantasía aparece cuando usted empieza a imaginarse con otra persona.

El predador de los encuentros intencionales surge cuando usted empieza a organizar sus pasos para «tropezarse» con la persona con la que está teniendo fantasías.

Cuando usted le abre su corazón a la otra persona, cae presa del predador de la expresión.

El predador del acto en sí es el que busca el tiempo y el lugar para estar solos y experimentarse el uno al otro. Allí hay un gran peligro.

Preguntas para discutir en pareja

¿Qué protecciones tenemos en este momento para mantener lejos a estos predadores?

¿Qué estás haciendo para proteger nuestro matrimonio de las fuerzas externas que pueden intentar debilitar o dañar nuestra relación?

¿Nuestro matrimonio es lo suficiente seguro como para decir abiertamente cuándo estamos siendo tentados por alguno de estos predadores?

¿Cuál es la estrategia que tenemos para luchar y resistir la tentación?

Conclusión

El día que el manuscrito de este libro debía ser entregado, apareció el siguiente titular en la primera página del *Chicago Tribune:* «Las doscientas treinta y siete razones para tener sexo». La reportera Judy Peres afirmaba lo siguiente: «Si usted cree que la gente tiene relaciones sexuales por placer y para procrear, tiene razón. Pero también tienen relaciones sexuales para que se les pase un dolor de cabeza, celebrar una ocasión especial, obtener un ascenso y sentirse más cerca de Dios».[1]

Yo (Ted) me devoré el artículo a fin de ver cuántas de las razones que la gente daba para tener relaciones sexuales estaban de acuerdo con lo que presentamos en este libro. Tristemente, de las doscientas treinta y siete razones, muy pocas reflejan la verdad bíblica. El artículo informa sobre los hallazgos de una nueva encuesta:

> La mayoría de los estudiantes dio las razones comunes para tener relaciones sexuales: «Me sentí atraído hacia esa persona», «Se siente bien» y «Quería mostrarle mi amor» eran las primeras razones en la lista tanto de hombres como de mujeres. En la lista también había otras prioridades menos importantes como: «Alguien me ofreció dinero para hacerlo», «Sentí lástima por la persona», «Quería castigarme a mí mismo» y «Lo hice por una apuesta».

Nuestra oración es que este libro lo motive a tener una relación sexual estupenda por todas las razones correctas.

Una relación sexual estupenda es el resultado de hacer el amor de manera fantástica. Para hacer el amor de manera estupenda hay que edificar la honra, la seguridad y la intimidad primero, para luego sí tener la libertad de disfrutar de la estimulación, la creatividad y el sexo.

«¡Coman y beban, amigos, coman y embriáguense de amor!»
—Dios (Cantares 5:1)

Notas

1. Judy Peres, «The 237 Reasons to Have Sex», *The Chicago Tribune*, 1 de agosto de 2007, http://www.chicagotribune.com/news/chi-sex01aug01,0,649209.story?page=1&coll=chi-newsopinion-hed (visitado en octubre de 2007).

Respuestas a las preguntas más importantes

Una tarde soleada de domingo en Branson, Missouri, yo (Ted) tuve la oportunidad de llevar al escritor y psicólogo Kevin Leman a pescar al área de truchas del lago Taneycomo. A Kevin le encanta pescar.

Estábamos en el lago cuando Kevin se volteó hacia mí y me preguntó:

—¿En qué mes estamos?

—En abril —respondí—. ¿Por qué?

—Estadísticamente, las mujeres disfrutan más del sexo en junio que en ningún otro mes del año —respondió—. Estoy esperando que llegue junio.

Quizás usted creció en una iglesia o un hogar en el que nunca se hablaba de sexo. En mis seminarios, me he dado cuenta de que aproximadamente dos tercios de los asistentes crecieron en hogares en donde el sexo era un tema tabú; no se hablaba mucho de este tema, y cuando se hacía, se le ponían nombres ficticios a todo. Solo un tercio de los asistentes creció en hogares en donde se discutía abiertamente sobre el sexo.

Yo crecí en uno de esos hogares silenciosos. Mis padres tenían el enfoque de «pregunta y respuesta» para el sexo: solo trataban el tema si yo hacía preguntas. Recuerdo que mi mamá estaba lavando los platos una noche después de cenar. Yo había escuchado algo en la escuela ese día. Fui hasta donde ella estaba y pregunté (haciendo gestos con las manos): «¿Así es como se hace?»

«Así es exactamente como se hace, Ted», respondió ella.

Pensé: *¡Uy, qué desagradable! ¡Que asco! ¿Por qué los adultos hacen eso? No tiene nada de divertido.*

O qué tal lo que nos dijo, mi nieta (de Gary) de diez años, Hannah.

—Abuelitos, cuando me case con Kyle, vamos a adoptar tres niños y a vivir en una casa grande junto al lago.

—Ah, ¿de verdad? —respondí—. ¿Y por qué van a adoptar?

—Porque yo nunca voy a hacer esa cosa tan desagradable con él.

¡Qué bueno!, pensé. *Ojalá se quede así.*

Dios diseñó el sexo, él lo creó y dijo que era muy bueno. Yo (Ted) he pasado por muchas cosas. Ahora creo que el sexo es estupendo. Lo disfruto por completo. Y en las consejerías prematrimoniales suelo hablar de esto.

Perspectivas sobre el sexo

La gente tiene muchas preguntas sobre el sexo. Hay algunas razones para esto, pero la razón principal es que, como hemos dicho, en muchos hogares y en la mayoría de las iglesias el sexo es un tema tabú. Recuerdo la primera ocasión en que enseñé sobre sexo en Woodland Hills. Hubo algo de resistencia. Esta era la primera vez que muchos en nuestra iglesia escuchaban hablar sobre el tema de la intimidad sexual marital un domingo en la mañana. (Imagínese a los adultos de la tercera edad con el boletín y las notas que decían «Cinco claves para un exitoso matrimonio lleno de sexo»).

Tres días después de dar ese mensaje, iba caminando por un edificio de oficinas en el centro de Branson cuando Adam (uno de nuestros miembros) me invitó a pasar a su oficina para una reunión imprevista.

—Ted, debo decirte que estaba muy escandalizado con tu charla del domingo —dijo—. Cuando iniciaste el mensaje, me quedé frío con ese tema tan inapropiado.

—Entiendo —fue todo lo que pude decir.

—Mi esposa y yo salimos de la iglesia y pasamos toda la tarde hablando sobre lo discutido en la mañana —continuó.

Yo me estaba preparando para escuchar que Adam y su familia iban a dejar la iglesia por causa del sermón, pero él me sorprendió.

—Nuestra conversación de la tarde fue seguida por el mejor sexo que hemos tenido, y eso que hemos permanecido casados por más de veinte años. ¡Así que sigue haciendo ese buen trabajo!

Todavía sonrío cuando pienso en esa conversación. Como no se habla mucho del sexo en la iglesia, hay mucha confusión entre lo que el mundo, la iglesia y nuestros padres nos han enseñado y la perspectiva de Dios sobre el sexo.

Creencias que el mundo nos ha enseñado:
• Si se siente bien, hágalo.
• No podemos controlarnos a nosotros mismos.
• Las personas son objetos.

Creencias que la iglesia y nuestros padres nos han enseñado:

• El sexo es malo o sucio.

• No se debe hablar de sexo. En vez de sexo hablemos de mi funeral. (Al final no se habla de ninguno de los dos.)

La perspectiva de Dios sobre el sexo

Miremos a Adán y Eva en el jardín, disfrutando de una relación perfecta con Dios. La Biblia dice que ellos «estaban desnudos, pero ninguno de los dos sentía vergüenza» (Génesis 2:25). Esto significa que todos los pensamientos de Adán sobre el cuerpo desnudo de su esposa eran puros así como todos los pensamientos de Eva sobre el cuerpo de Adán. Su sexualidad era santa. Era algo hermoso. Era lo más agradable que Dios les permitía experimentar a dos personas.

Cuando comieron del árbol, cuando fueron desobedientes, la Biblia dice lo siguiente: «Se les abrieron los ojos, y tomaron conciencia de su desnudez. Por eso, para cubrirse entretejieron hojas de higuera» (Génesis 3:7).

Ahora bien, yo le pregunto esto: *¿Por qué lo hicieron?*

Puedo entender que se hayan escondido de Dios por la vergüenza de haber desobedecido. Sin embargo, ¿por qué cubrieron lo que era hermoso y puro para el otro? Yo a veces me pregunto si fue porque por primera vez, ahora que el hombre había pecado, Adán tuvo un pensamiento torcido y pervertido sobre la sexualidad de su esposa. No se nos dice qué pasó por su mente, pero evidentemente él tuvo un pensamiento impuro en cuanto a la desnudez de su mujer. Y probablemente pensó que si él tenía esos pensamientos sobre ella, ¿qué estaría pensando ella sobre él? Así que cubrieron su desnudez.

Luego Dios le preguntó a Adán: «¿Dónde estás?» (Génesis 3:9). Dios sabía exactamente dónde estaban, pero los llamó de todas formas. Dios los buscó. Él era el sabueso del cielo. Cuando Adán respondió, Dios inquirió: «¿Y quién te ha dicho que estás desnudo?» (Génesis 3:11).

¿Por qué Dios menciona la desnudez? No lo sé, pero creo que es por eso de que muchas personas en la iglesia tienen dificultades cuando empezamos a hablar de la sexualidad. Nuestra naturaleza está caída. Sabemos que lo que Dios hizo en un principio hermoso, santo y puro, es ahora torcido en nuestro mundo caído.

A lo largo de este libro, le hemos dado las herramientas que necesita para tener el mejor sexo de su vida. No obstante, sabemos que probablemente usted todavía tiene preguntas. En este apéndice, queremos explorar algunas de las preguntas más importantes sobre el sexo, incluyendo la frecuencia, el sexo oral y la masturbación. Hemos dividido este apéndice en secciones diferentes con las preguntas más comunes que hace la gente. Si usted tiene alguna pregunta que no se encuentra aquí, nos encantaría saber de usted en Smalley Relationship Center. Simplemente vaya a www.GarySmalley.com o a www.TedCunningham.com y envíenos su pregunta por correo electrónico.

Preguntas sobre el sexo prematrimonial

¿Podemos tener relaciones sexuales si estamos planeando casarnos?

Hebreos 13:4 dice: «Tengan todos en alta estima el matrimonio y la fidelidad conyugal, porque Dios juzgará a los adúlteros y a todos los que cometen inmoralidades sexuales». El sexo fue diseñado para el matrimonio. No fue diseñado para practicarse fuera del matrimonio. Es dentro de los límites del matrimonio donde va a disfrutar el sexo en su mayor plenitud.

Dios quiere que seamos como Jesús, que seamos santificados. Suena difícil, pero esto solo significa sacar todo lo terrenal que hay en uno y volverse más como Jesús. Cuando nacemos de nuevo, el Espíritu Santo mora en nosotros y nos convertimos en el cuerpo de Cristo, o en una parte de él. Pablo ve cualquier tipo de sexo por fuera del matrimonio como prostitución. Cuando usted tiene una relación sexual, se vuelve una sola carne con la otra persona. Esa es la idea del sexo en primer lugar: ser uno, una unidad.

Recuerde que Salomón nos dijo que guardáramos nuestro corazón sobre todas las cosas. Nuestras creencias viven en nuestros corazones. Incluso antes de casarse, nuestro consejo es que purifique su corazón con la salvación a través de Cristo, con su Palabra guardada dentro de su corazón y con el poder del Espíritu Santo que vive y penetra cada rincón de su ser. Librarse de la lujuria continua de la carne es entrar al matrimonio con el poder de decirle que no a la lujuria hacia otro hombre u otra mujer y que sí con alegría a su esposo o esposa. Solo imagine lo que es pasar su luna de miel en una playa exótica con ojos solo para su nuevo amor. Usted tendrá la libertad de complacer a su cónyuge de todas las maneras y de servirle con creatividad. Puede centrar su placentero deseo sexual en una sola persona al máximo y darle a Dios la gloria por haber creado el sexo y mantenerlo para una sola persona.

¿Qué sucede si ya estamos teniendo relaciones sexuales y planeamos casarnos?

Sabemos que Dios perdona. Permita que estos versículos lleguen hasta su corazón:

Dichoso aquel a quien se le perdonan sus transgresiones, a quien se le borran sus pecados. Dichoso aquel a quien el SEÑOR no toma en cuenta su maldad y en cuyo espíritu no hay engaño (Salmo 32:1-2).

Quien encubre su pecado jamás prospera; quien lo confiesa y lo deja, halla perdón (Proverbios 28:13).

¿Son sus pecados como escarlata? ¡Quedarán blancos como la nieve! ¿Son rojos como la púrpura? ¡Quedarán como la lana! (Isaías 1:18).

Todos han pecado ... pero por su gracia son justificados gratuitamente mediante la redención que Cristo Jesús efectuó (Romanos 3:23-24).

Ya no hay ninguna condenación para los que están unidos a Cristo Jesús (Romanos 8:1).

Cristo puede darle un nuevo comienzo. Sí, vale la pena parar ahora, incluso si usted se va a casar el próximo mes o la próxima semana. ¡Se alegrará de haberlo hecho!

¿Cuánto tiempo debemos ser novios antes de casarnos?

Yo (Ted) frecuentemente motivo a las parejas jóvenes a que vayan despacio. En Génesis 29, Jacob se enamora de Raquel. La Biblia dice que él estaba muy entusiasmado con esta joven. Hizo algo diferente de lo que yo hice en mi primera cita con mi futura esposa: la besó. Luego se comprometió a trabajar para su padre durante siete años para poder casarse con ella. Jacob realmente trabajó catorce años, porque el padre de Raquel le hizo una mala jugada. Jacob primero se casó con la hija mayor, Lea, y luego tuvo que trabajar siete años más para poder casarse con Raquel. No obstante, la Biblia dice que los primeros siete años «como estaba muy enamorado de ella le parecía poco tiempo», así que se puede asumir que los segundos siete años pasaron de la misma manera.

He visto muchos matrimonios en lo que lo opuesto es verdad. En vez de que los años parezcan días, los días parecen años. Esto sucede frecuentemente porque las personas se apresuraron para casarse.

Yo motivo a los adolescentes y a los adultos jóvenes a que cometan los errores durante el noviazgo. Escúchenme bien: no estoy hablando de errores morales. Estoy hablando de aprender y crecer. De practicar la comunicación. De practicar cómo resolver los conflictos. De practicar la pureza. De practicar amar a alguien incluso cuando es difícil de amar. Algunas de las mejores lecciones de la relación se aprenden durante el noviazgo.

Cuando esas lecciones no son aprendidas, las parejas se ven en una situación difícil. He tenido más de una pareja que ha venido a la consejería prematrimonial cuando ya tienen casi listos los planes de la boda; y al hablar de los problemas, es evidente que la pareja no está lista para casarse. Y a mí no me da miedo decírselos. Por lo general responden: «¡¿Está bromeando?! ¡¿Sabe usted cuánto nos hemos gastado para esto?!» Yo les digo que los divorcios son mucho más costosos que los diez mil o veinticinco mil dólares que se van a gastar en la boda.

Gastar dinero no es una razón para casarse. Es mejor posponer la boda o cancelarla. Antiguamente, las personas iban a donde el pastor a pedir permiso para casarse y ver si estaban listas. Sin embargo, ahora las personas solamente quieren que su líder espiritual realice y bendiga la ceremonia.

No apresure el matrimonio. El tiempo es su mejor amigo. No lo trate como a un enemigo. El tiempo permite que el encaprichamiento se desvanezca. El tiempo permite que las cosquillitas en el estómago pasen. Probablemente esté pensando que no quiere que pasen, pero el tiempo le da la oportunidad de obtener una dirección bíblica sana para su vida y descubrir si esa persona es la adecuada o no para usted.

¿Puedo casarme con alguien que no sea creyente?

Casarse por voluntad propia sabiendo como creyente que se está casando con alguien que no profesa a Cristo como su Señor y Salvador está prohibido en la Biblia. En 2 Corintios 6, Pablo dice: «No formen yunta con los incrédulos. ¿Qué tienen en común la justicia y la maldad? ¿O qué comunión puede tener la luz con la oscuridad? ¿Qué armonía tiene Cristo con el diablo? ¿Qué tiene en común un creyente con un incrédulo?» (versículos 14-15).

En 1 Pedro 3:1-6 se le ofrece sabiduría y ánimo a la esposa que está casada con un no creyente. El pasaje no dice que lo deje, le predique o lo fastidie, sino que viva su fe delante de él con «un espíritu suave y apacible» (versículo 4). Ese tipo de fe no solo «tiene mucho valor» para Dios, sino que también puede ganar al esposo (ver versículo 1).

Hay esperanza para la persona que está casada con un no creyente. He escuchado a algunos cónyuges en nuestra iglesia decir que lo han intentado todo. Han puesto a un volumen alto la emisora cristiana local. Han dejado la Biblia en la almohada del cónyuge. Han intentado actos de evangelización directos. Sin embargo, la Biblia dice que lo más efectivo que uno puede hacer es vivir la fe. He observado a mujeres en nuestra iglesia asumir este enfoque. Usualmente no pasa mucho tiempo antes de que el esposo comente: «Me está empezando a contagiar».

Si estamos comprometidos y sabemos que nos vamos a casar, ¿por qué no podemos irnos a vivir juntos?

La Biblia prohíbe irse a vivir juntos. Dice: «Huyan de la inmoralidad sexual. Todos los demás pecados que una persona comete quedan fuera de su cuerpo; pero el que comete inmoralidades sexuales peca contra su propio cuerpo» (1 Corintios 6:18).

Hágase esta sencilla pregunta: *¿Qué tan libre soy para esperar hasta el matrimonio?* Ahora califíquese de uno a diez.

No tengo paciencia	1 2 3 4 5 6 7 8 9 10	Espero sanamente
Tengo fantasías todos los días	1 2 3 4 5 6 7 8 9 10	Sé que él/ella vale la pena
Me masturbo regularmente	1 2 3 4 5 6 7 8 9 10	Confío en Dios en esta área

Si usted es hombre, un puntaje de diez muestra que es libre de amar a todas las mujeres porque espera que ellas tengan a alguien que las ame como Dios lo planeó. Si piensa todo el tiempo en desvestirlas en su mente y acostarse con ellas por placer, no tiene el corazón de Dios todavía y no posee en su corazón las creencias que reflejan su Palabra.

Si se dice a sí mismo: *Yo siempre espero que un padre, esposo o amigo cariñoso las cuide*, eso quiere decir que usted está pensando en el bien de ellas y no en sus propios deseos pecaminosos.

Me gusta lo que dice el Doctor Richard Dobbins:

A veces cuando hablo con los adolescentes, hago una analogía entre el cuerpo y la cinta adhesiva. La cinta adhesiva no está hecha para ser usada repetidamente. La misma se adhiere con más fuerza a la primera superficie a la cual se aplica. Usted puede retirar la cinta y volverla a poner en otras superficies varias veces, y todavía se va a adherir. Sin embargo, con cada aplicación, va desapareciendo algo del adhesivo. Finalmente, si usted continúa haciendo esto durante mucho tiempo, llegará el momento en el que ya no quede pegante para que la cinta se adhiera a ninguna otra superficie. Dios planeó que el lazo que une a los cónyuges sea el más cercano y fuerte que sean capaces de formar. Es por eso que Pablo deja muy en claro que el cuerpo no fue hecho para la fornicación.[1]

¿Entiende usted la analogía? La unidad se ve afectada cuando usted regala un pedazo de sí mismo. Los medios de comunicación por lo general intentan decirnos que el sexo no es nada más que un rápido intercambio. Sin embargo, el sexo es mucho más; no solo es una consumación física, sino que también incluye todos los otros niveles de conexión. Cuando usted se acuesta con alguien con quien no está casado, le está dando una parte de sí mismo, y eso afecta el plan de Dios para la unidad en el matrimonio.

¿Qué debo hacer a fin de prepararme sexualmente para mi luna de miel?

Me gusta decirle a la gente joven que la boda es lo peor para la luna de miel; en realidad así lo creo. No permita que la tía Ana y el tío Juan determinen la hora de su boda. Ellos van a intentar hacerlo sentir culpable para que haga lo que ellos quieren. La boda gira alrededor de la pareja. Ustedes son el centro. Elijan una hora que les convenga. Si se casan a las dos de la tarde, toman fotos durante tres horas, y luego bailan hasta la medianoche, van a llegar exhaustos a la habitación del hotel. ¡No van a estar frescos para el sexo!

Cuando les hablo a los hombres jóvenes, les digo que probablemente van a estar exhaustos en la noche de bodas. Es posible que haya una erección fácilmente, pero esta puede durar solo veinte o treinta segundos, y luego se van a sentir molestos consigo mismos. La buena noticia es que hay ejercicios que los hombres jóvenes pueden practicar a fin de prepararse para la noche de bodas que pueden ayudarles a tener un mayor control. Hablen con su médico. Háganse un examen médico.

Las mujeres con frecuencia se quejan de que su primera noche de relaciones sexuales es dolorosa y desagradable; tanto el novio como la novia deben informarse y darse cuenta de que eso es normal. No obstante, si las parejas practican los principios de honrarse mutuamente, edificar la seguridad y crear la intimidad en los días anteriores a la luna de miel, el sexo puede ser aún una experiencia maravillosa de conexión y plenitud, incluso si se siente una incomodidad menor las primeras veces. (Si la incomodidad de la esposa continúa por más de algunos días, debe ver a su médico.)

Recuerdo a una pareja que aconsejamos antes de que se casaran. Ambos eran vírgenes y se habían guardado para el otro. Estaban emocionados con la luna de miel, la boda y todo lo demás. Cuando llevaban dos meses de casados, se sentían desanimados: siempre que tenían relaciones sexuales, él obtenía lo que quería, se volteaba y se dormía. Ella nunca llegaba a un orgasmo. Se quedaba pensado: *Si el sexo es solo esto, olvídalo.* Y él pensaba que el sexo era fenomenal.

Tuve que darle consejería al esposo. Tuve que sentarme con él cara a cara y enseñarle cómo darle placer a su esposa. Él no sabía; nadie le había enseñado. Ella no quería tener más relaciones con él, así que le dije que no hiciera insinuaciones, sino que esperara hasta que su esposa lo buscara y entonces que le hiciera *esto* y *esto* y **aquello**. Le enseñé algunas cosas que podía hacer.

Me llamó una semana después y dijo: «Eres un genio».

Preguntas sobre la lujuria y la tentación

¿Qué puedo hacer para protegerme de la lujuria?

Los hombres tienden a sentir lujuria para descargarse físicamente o conquistar, y ven a las mujeres como desafíos para satisfacer sus impulsos sexuales. La lujuria nos lleva a pensar que tener a una persona que no tenemos en el momento nos haría más felices. Con frecuencia esa persona es simplemente un producto de nuestra imaginación. Incluso si la persona es real, por lo general le atribuimos características irreales. Usualmente nos imaginamos que tener a esa persona en nuestros brazos sería emocionante y que eso nos llenaría. Sin embargo, los hombres también pueden desear un evento deportivo y sentirse deprimidos después de una gran pérdida.

Las mujeres tienden a desear a hombres que no son sus esposos, especialmente si la relación está afectada. No obstante, las mujeres también desean joyas, muebles, casas y muchísimas otras cosas.

Todos podemos desear cosas diferentes a Dios si pensamos en obtener la mayor cantidad de placer, diversión, emoción y entusiasmo que la vida nos pueda dar. Este es un sistema de creencias muy normal en el mundo. El único problema es que si somos amigos del mundo, no podemos ser amigos de Dios. Debemos decidir si aceptamos la amistad del dador de la vida por encima de las creencias vacías del mundo.

He hablado con personas que han tenido aventuras amorosas o están listas para involucrarse en una de ellas debido a la idea de que el jardín se ve más bonito del otro lado de la cerca. Yo simplemente digo: «La razón por la que eso le parece emocionante es porque no está criando hijos con esa persona. No paga las cuentas con esa persona. No poda el césped con esa persona».

Es fácil pensar que uno puede dejar a una persona y conseguir otra, y que todo será mejor. Pero eso no sucede... todas las expectativas y problemas se irán con usted.

Los hombres son como los cachorros. ¿Alguna vez se ha acercado a un cachorro? Cuando nos acercamos a uno, subimos la voz una octava o dos y decimos cosas como: «Buen perrito». Y mientras decimos esas palabras, los cachorros se emocionan: menean la cola y esperan que les pidamos que hagan algo más. Solo quieren impresionarnos. Recuerde que los hombres no piensan que hay un problema con la relación hasta que uno les pregunta por la relación. ¡Hombres, esto debería alertarnos! Debería realmente preocuparnos que la mayoría de las mujeres no quieran caminar por el pasillo de la iglesia con nosotros otra vez.

He aconsejado a muchísimas parejas que se conocieron en una fiesta. La posibilidad de tener un matrimonio exitoso con alguien que conoció en una fiesta no es muy alta. Me he dado cuenta de que el alcohol es un gran revelador, no un gran disimulador, y lo que uno ve es el lado divertido de la persona. Cuando dos personas a las que les gusta ir a fiestas se casan, por lo general no pasa mucho tiempo antes de que despierten a la realidad de las cuentas, los trabajos y los niños. La fiesta se acaba y empiezan a preguntarse: *¿Qué hice?* No estaban adecuadamente preparados para el compromiso de un matrimonio.

Así que, ¿cómo protegerse del deseo sexual? He descubierto que hablar las cosas de frente con mi esposa y la oración es lo que más me protege contra la lujuria. Cuando una mujer atractiva camina frente a mí, lo primero que hago es empezar a orar por esa persona. Asumo que cada mujer que conozco tiene un padre que no la amó. Probablemente tiene un esposo que no la cuida. Quizás tiene un jefe que es duro con ella. Oro: «Padre, que ella pueda conocer tu amor hoy». Es más o menos lo que se nos ordena sobre cómo tratar a nuestros enemigos. Cuando usted ora por sus enemigos y les desea cosas buenas, es difícil tener pensamientos malos contra ellos. Es difícil tener un pensamiento lujurioso hacia una mujer cuando usted ora que Dios le dé lo mejor y que ella conozca su amor.

¿Cómo manejan ustedes la tentación y la lujuria?

Hace poco yo (Gary) estaba fuera de la ciudad y decidí caminar tres kilómetros por una calle tranquila. No había transcurrido mucho tiempo cuando una hermosa chica que tenía unos pantaloncitos muy cortos y una camiseta muy pequeña apareció trotando. Después que pasó, me pregunté: *¿Por qué yo, a mis sesenta y cinco años, todavía tengo pensamientos lujuriosos? ¿Cuándo será que dejaré de ser tentado como si tuviera todavía dieciséis años?* Se me ocurrió que si todos mis sentimientos y acciones provienen de las creencias de mi corazón, quizás tengo una creencia desde la niñez que es la que impulsa mis pensamientos. Sé que si nos falta sabiduría, se la podemos pedir a Dios. Podemos hablar con él sobre cualquier cosa sin sentirnos avergonzados. Así que decidí preguntarle a Dios de dónde venía mi lucha con la lujuria.

A los pocos minutos lo entendí. Fui criado por un padre y unos hermanos mayores que parecían totalmente enfocados en buscar placer para ellos mismos sin importar los sentimientos o las necesidades de los que los rodeaban. La mayor parte de su atención estaba en cosas como pescar, cazar, el cine, la comida, las citas, el sexo, las aventuras, las apuestas, las vacaciones, los deportes acuáticos, esquiar o cualquier cosa que les trajera la mayor cantidad de placer o poder. Así que crecí con la creencia básica dentro de mí de que la vida giraba alrededor de mi placer y gratificación personal. Sin ni siquiera estar consciente de esto, esta creencia se fue estableciendo en mi corazón.

Algunos pasajes bíblicos que enseñaban todo lo contrario empezaron a pasar por mi mente. Uno de ellos fue Gálatas 5:13: «Les hablo así, hermanos, porque ustedes han sido llamados a ser libres; pero no se valgan de esa libertad para dar rienda suelta a sus pasiones. Más bien sírvanse unos a otros con amor». No tengo mi libertad en Cristo para perseguir placeres sexuales o emocionantes, sino para servir a los demás amándolos de la misma manera como quiero que me amen a mí. El enfoque no está en mí y en mi gratificación, sino en el bien de las otras personas. En vez de servirme a mí mismo, debo servir a los demás.

Cuando adoptamos la actitud de que estamos aquí para servir, como Cristo, todas las áreas de nuestra vida se verán afectadas. Mientras caminaba esa mañana, repetía Gálatas 5:13 una y otra vez en mi mente, tratando de grabar el principio del servicio en mi corazón para reemplazar el egoísmo de los pensamientos lujuriosos. Día tras día empecé a pensar más en servir a los demás a través del amor que en utilizar a los otros para mi propio placer. A medida que me enfocaba en cambiar mis creencias grabando la Palabra de Dios en mi corazón, me quedé sorprendido al ver cuán rápido mis acciones cambiaban naturalmente. A las dos semanas de haber memorizado ese versículo y repetírselo a Dios desde la mañana hasta la noche, los pensamientos lujuriosos empezaron a desaparecer. Ahora, cuando un pensamiento lujurioso parece venir hacia mí, simplemente le digo a Dios: «Yo solía ser hedonista, Señor, pero tú me has dado el poder de servir a los demás con tu amor». En vez de empezar a fantasear con alguna chica, me imagino cuánto Dios la ama y espero que ella lea este libro algún día para descubrir lo mejor que Dios tiene para su vida.

¿Qué tan aconsejable es discutir el problema de la lujuria con mi esposa?

Hable de las tendencias, no de los detalles. Que mi esposa (la de Ted), Amy, se enterara de cómo funciona el cerebro masculino (como lo estudiamos en el capítulo cuatro), fue una de las mejores cosas que han sucedido en nuestro matrimonio y en mi vida. Yo quiero que ella sepa lo que me tienta. Antes de irme a un viaje durante el fin de semana para dar algunas conferencias, Amy siempre dice: «Voy a mandarte bien satisfecho sexualmente para que no tengas que luchar con la tentación y la lujuria». Muchas de esas despedidas para nuestros viajes son encuentros rapiditos.

Si usted habla de este problema con su cónyuge, explíquele cómo está buscando los caminos de Dios para vencer esos problemas. Mujeres, sus esposos se sienten tentados por los deseos sexuales, o si no tienen algún otro problema. Sin embargo, tan pronto como Dios empiece a darle la misma libertad que yo he visto en mi coautor, Gary, usted verá un cambio sorprendente en la vida de su esposo. La mayoría de los hombres tienen deseos lujuriosos; eso es un hecho. Ahora el asunto es: ¿Quiere saber los detalles? La respuesta debe ser no. Su esposo debe tener un compañero al que pueda darle cuentas de sus actos. Él puede compartir lo específico de esas luchas con otro hombre en una relación sana. Una vez conocí a un hombre que no le prestó atención a esta advertencia. Él compartía todo con su esposa. No pasó mucho tiempo antes de que no pudieran ni siquiera mirar televisión juntos. Una noche estaban mirando a unas personas que patinaban sobre el hielo y ella dijo: «Seguro que tienes deseos sexuales con esa patinadora», y cambió de canal. Compartir cada detalle sencillamente no es bueno.

¿Está bien masturbarse?

¿Está cometiendo pecados en su mente? Escuche lo que le dice Salomón a su hijo en Proverbios 5: «Bebe el agua de tu propio pozo, el agua que fluye de tu propio manantial. ¿Habrán de derramarse tus fuentes por las calles y tus corrientes de aguas por las plazas públicas? Son tuyas, solamente tuyas, y no para que las compartas con extraños» (versículos 15-17). Esto incluye sus pensamientos.

La masturbación no es un problema relacionado con lo que sucede con usted físicamente, sino con lo que sucede en su mente. Y aunque tanto hombres como mujeres se masturban, es a los hombres a los que uno escucha hablar de eso todo el tiempo. Ellos dicen: «La Biblia no menciona la masturbación. No debe de estar mal. Necesito descargarme». Sin embargo, ¿qué pasa por su mente durante la masturbación? Escuche lo que Pablo dice en Colosenses 3:5-8:

> Por tanto, hagan morir todo lo que es propio de la naturaleza terrenal: inmoralidad sexual, impureza, bajas pasiones, malos deseos y avaricia, la cual es idolatría. Por estas cosas viene el castigo de Dios. Ustedes las practicaron en otro tiempo, cuando vivían en ellas. Pero ahora abandonen también todo esto: enojo, ira, malicia, calumnia y lenguaje obsceno.

Dios diseñó el sexo para dos personas, no para una. Sé que es duro, pero usted debe confesar (admitir) delante de Dios que es débil y no puede dejar de imaginarse teniendo relaciones sexuales con otras mujeres ni dejar

216

de masturbarse. Recuerde que Dios «es fiel y justo, nos perdonará nuestros pecados y nos limpiará de toda maldad» (1 Juan 1:9). Solo él puede limpiarlo y darle la libertad a través de su Espíritu Santo y el poder de su Palabra viva. Es la gracia de Dios la que lo salva a través de la fe y no sus obras. Permita que él le dé la porción de su Palabra que usted debe guardar en su corazón. Permita que lo cuide. Es por eso que su Hijo murió por usted y por mí.

¿Pero está bien masturbarse cuando mi cónyuge y yo no podemos estar juntos?

Como la Biblia no da ninguna enseñanza directa sobre el tema, debemos aplicar otros principios bíblicos que nos ayuden en oración a discernir la voluntad de Dios para nosotros. Así que, sobre el tema de la masturbación, una pareja debe responder cuatro preguntas:

Primero, ¿la autoestimulación es nociva para sus expectativas mutuas de estar disponible para el otro en el área sexual? Si un cónyuge se masturba en vez de estar disponible para el otro, está yendo en contra de la relación.

Segundo, ¿la masturbación está asociada con la lujuria? Esta realmente es la pregunta clave. Pregúntese: *¿He recibido la libertad de Dios para no masturbarme? ¿Soy lujurioso, me imagino teniendo relaciones sexuales con otras personas para satisfacer mis propios deseos sexuales?* En otras palabras, ¿qué nivel de libertad tiene usted hoy? Es posible que esté sintiendo lujuria en diferentes niveles. La lujuria pura es el deseo de tener algo o a alguien que no es nuestro. La autoestimulación frecuentemente está relacionada con el hecho de desear a una persona que no es su cónyuge o un cierto tipo de cuerpo que es diferente al de su cónyuge, y eso está absolutamente errado desde el punto de vista de Dios. Es posible que la autoestimulación sea una pura respuesta física a un impulso sexual sin pensar en nadie, o que sea una actividad acompañada por imágenes de estar con su propio cónyuge. En esas situaciones, no hay lujuria asociada a la autoestimulación. No obstante, seamos honestos: ¿cuántos hombres tienen la suficiente fuerza interior para desear solamente a su esposa? Si usted la tiene, déle gracias a Dios.

Tercero, ¿la masturbación se ha convertido en una adicción o una esclavitud? Una persona controlada por la masturbación está esclavizada a ella. Muchos comportamientos se convierten en pecado cuando esclavizan a la persona. En 1 Corintios 6:12, Pablo dice: «"Todo me está permitido", pero no todo es para mi bien». (ver también 1 Corintios 10:23-31).

Cuarto, ¿la masturbación implica un automaltrato? Ocasionalmente, las personas que han sido abusadas en el pasado pueden abusar de sí mismas física o emocionalmente cuando se masturban. Esto siempre estará mal. Nuestros cuerpos son el templo del Espíritu Santo y deben ser cuidados y protegidos.

No debemos ser poseídos, dominados o esclavizados por nuestros impulsos sexuales. Sin embargo, el impulso sexual que está en nosotros es natural y ha sido dado por Dios. Mantener estos dos hechos en equilibrio les ayudará a usted y a su cónyuge a decidir qué pensar sobre la masturbación en el matrimonio.

Preguntas sobre el sexo en el matrimonio

¿Qué tan a menudo debe una pareja tener relaciones sexuales?

Si usted está recién casado, lo hará muy a menudo. Le he hecho esta pregunta a cientos de adultos mayores a fin de hacer la investigación para este libro y esto es lo que han dicho: dos o tres veces al mes, pero esas dos o tres veces son candentes. Para las personas de mediana edad, podría ser dos o tres veces a la semana. Hay demasiadas variables que hacen que sea difícil darle una ecuación matemática.

Si usted no alimenta la relación, la unidad y el caminar matrimonial, esté seguro de que el sexo no va a ser llamativo. El sexo perderá su atractivo y su emoción. Alimente la relación, y la intimidad llegará automáticamente.

Hay muchos hombres que han perdido la habilidad de tener relaciones sexuales con su cónyuge, pero que aún así pueden tener una masturbación efectiva mientras se imaginan a alguien diferente a su esposa. Perder la capacidad de tener relaciones sexuales en cualquier edad no significa el final del matrimonio ni de todas las actividades afectivas que hay en una buena relación matrimonial. Para mí (Gary), a mis sesenta y ocho años de edad, es muy grato decir que mi esposa y yo todavía podemos ser muy afectuosos el uno con el otro; pero debido a los medicamentos que he necesitado desde que tuve un ataque cardíaco y un transplante de riñón, mi capacidad de tener relaciones sexuales ha desaparecido.

Tenemos un amigo que nos dijo que una operación que le iban a realizar dentro de poco tiempo daría como resultado «la muerte» de su vida sexual. Norma respondió tristemente: «Ay, lo siento, pero ahora serás como un perro castrado: ellos son mucho más dulces después de la operación».

A él no le gustó ese comentario, pero sonrió en todo caso.

Yo estoy más feliz hoy al ver cómo la Palabra de Dios me ha transformado y dado la libertad de amar a los demás sin el deseo de imaginarme utilizando a las mujeres para mis propios placeres. Hoy más que nunca soy verdaderamente libre para amar a los demás al aprender a servirles. Me siento de cuarenta años, y cada día es un nuevo día para amar a Dios y a los otros de nuevas maneras.

¿Está bien practicar el sexo oral?

¿Que si está bien? ¡Es fenomenal! Entre un esposo y una esposa que están apasionadamente enamorados, el sexo oral es uno de los mejores regalos del matrimonio. Pero recuerde que la esposa es la que pone los límites en la habitación. Tanto el esposo como la esposa deben sentirse cómodos con esta exploración.

Como dice nuestro amigo, el doctor Kevin Leman: «Al Sr. Feliz le encanta que lo besen».

¿Está bien practicar el sexo anal?

Esta puede ser una práctica muy peligrosa. El tejido del ano es mucho más sensible y delicado que el que rodea la vagina. Puede haber consecuencias médicas graves por tener este tipo de actividad sexual. Nosotros no lo aconsejamos.

Una pregunta importante que se le debe hacer al cónyuge que sugiera este tipo de actividad es: ¿Por qué? ¿Acaso hay falta de creatividad? ¿Hay una fuente externa al matrimonio que ha plantado esta semilla, como la pornografía? Hay muchas formas de reavivar la pasión y la vida sexual sin tener que practicar el sexo anal.

¿Ver pornografía juntos como pareja está bien?

No. La creatividad es una parte fundamental del sexo, como lo hablamos en el capítulo nueve. Cuando el sexo es visto como una herramienta para el orgasmo y no como una herramienta para la unidad, pierde la emoción, la espontaneidad y todo lo que Dios quería que fuera.

¿Que se puede hacer cuando la vida sexual de una pareja empieza a apagarse? Algunas veces yo (Ted) oigo a ciertos hombres que dicen que ya no tienen más interés en el sexo. La mitad de las veces no les creo. Si un hombre no se descarga con su esposa, probablemente se descarga con alguien más o se estimula a sí mismo. Así que algunas veces la pareja intenta ponerle picante a las cosas agregando nuevas imágenes a la relación. Ellos piensan así: «Como mi cuerpo ya no te excita más y tu cuerpo ya no me excita más, o como ya no suples mis necesidades emocionales, veamos pornografía. Alquilemos un video y veámoslo juntos».

No obstante, la inmoralidad sexual es uno de los grandes destructores del crecimiento espiritual. Cuando uno tiene relaciones sexuales, la única imagen que quiere tener en la mente es la del cónyuge. Piénselo. Mientras está haciendo el amor con su cónyuge y las luces están apagadas y los ojos cerrados, usted no quiere que su cónyuge esté pensando en alguien más. Cuando usted introduce la pornografía en el matrimonio, introduce una adicción que va a dañar la relación.

Reconozca que no va a desarrollar la intimidad con su cónyuge de la manera en que Dios la diseñó si está pensando en algún actor o actriz de Hollywood. Incluso la pornografía leve crea expectativas no reales que exigirán una expectativa no real aún mayor para ser cumplidas. Su cónyuge no va a poder ponerse al nivel de las cámaras, las luces y el destello. Es importante no crear esas expectativas no reales en el matrimonio.

Recuerde que el sexo es solo un barómetro del matrimonio. Si no hay pasión en la habitación, usted no tiene que introducir pornografía para que la haya. En vez de eso, permítame sugerirle algunas cosas creativas que puede hacer. Mujer, tómese una foto de usted desnuda y déjela en algún lado para que su esposo la encuentre. (¡Pero asegúrese de que sea un lugar en donde solo su esposo la va a encontrar!) ¡Eso está perfectamente bien!

Mujer, vístase en la mañana en frente de él lentamente. No se esconda detrás de la ducha. Déjelo verla cuando usted se viste. No se apresure a vestirse; tómese su tiempo. En la noche, las velas pueden ser sus mejores amigas. Ellas ayudan a crear un ambiente cálido en la habitación, para que así se sienta cómoda cuando su esposo la vea desnuda.

¡Vuelva a leer el capítulo nueve sobre la creatividad! Recuerde que la habitación no es el único lugar para hacer el amor. La cocina es un sitio estupendo. El comedor es un sitio estupendo. La sala es un sitio estupendo. Salgan a sitios apropiados. Pueden hacer muchas cosas sin necesidad de acudir a videos de otras parejas, en su relación.

Hombre, la mejor manera de ser creativo es siendo sensible fuera de la habitación y conversando con ella. A su esposa le encantan los contactos no sexuales. La energía y el impulso sexual van de la mano.

¿Está bien que mi esposo y yo nos filmemos haciendo el amor?

Aquí debemos hacer una advertencia. El lecho matrimonial debe ser honrado y es privado. Siempre y cuando la filmación no vaya a ser vista por alguien más, no podemos decirle que no. Sin embargo, si existe la probabilidad de que alguien más la vea, en especial los niños, la respuesta es definitivamente no. Es mejor irse por lo seguro y decir que no.

¿Cómo lucho contra la pornografía en la Internet?

Hay cinco maneras de tener la fuerza para no caer cuando se es tentado por la lujuria y la pornografía en la Internet.

Primero, revise las consecuencias negativas de la inmoralidad sexual, incluso cuando esté teniendo pensamientos lujuriosos:

- Pérdida de la confianza
- Pérdida del matrimonio
- Pérdida del ministerio
- Pérdida de la familia
- Daño irreparable a las relaciones

Segundo, memorice versículos de las Escrituras que hablen en específico sobre la libertad sexual. Después de memorizarlos, pídale persistentemente a Dios que su vida pueda estar alineada con estos versículos:

- Mateo 6:13
- Romanos 6:6
- 1 Corintios 10:13
- Colosenses 3:5
- 1 Pedro 2:11
- 1 Pedro 4:2

Tercero, los hombres especialmente deben tener cuidado del ciclo de ira-lujuria que con frecuencia se desarrolla. Muchos hombres experimentan sus momentos más severos de lujuria después de una lucha o un problema en la casa o el trabajo. Ceder a la lujuria no rompe el ciclo de ira-lujuria; solo lo intensifica. Ahora no solo está enojado y deprimido por su problema en el trabajo o la casa, sino que también está enojado por su falta de autocontrol. Y fuera de todo, si usted es cristiano, también tiene al Espíritu Santo que lo convence de pecado. Un arrepentimiento genuino es la solución bíblica, pero ponerse furioso consigo mismo y prometer que no va a volver a suceder no hace mucho bien.

Cuarto, deshágase de su computador. Si necesita el computador para el trabajo, póngale filtros y permita que su pastor, una persona a la que le pueda dar cuentas o un líder de grupo revise la historia de su ordenador al azar para ver a qué sitios ha entrado. Rendir cuentas es clave para poder sobreponerse a esta destructiva adicción.

Finalmente, puede considerar unirse a un grupo de apoyo para las personas que tienen problemas en esta área. Es un proceso largo.

¿El hecho de que yo sea adicto a la pornografía le da a mi cónyuge el derecho a divorciarse de mí?

Las adicciones pueden destruir los matrimonios. Cuando un esposo se excita sexualmente por la pornografía, la esposa se siente no deseada, fea, rechazada, abandonada... y la lista de emociones negativas podría continuar. Que usted se autogratifique con la adicción sexual disminuye el deseo que siente por su esposa. Las mujeres anhelan una conexión emocional con sus esposos. Su esposa no tiene esa conexión con usted. Digo todo esto a fin de que pueda ver lo nociva que es esa adicción para su matrimonio. Usted debe buscar ayuda y dar cuentas sobre esta adicción para que su matrimonio pueda empezar un proceso de sanidad.

Mateo 19:9 enseña que el divorcio está mal «excepto en caso de infidelidad conyugal». La palabra que se utiliza allí para «infidelidad conyugal» es *porneia*. Esto significa un adulterio físico que es persistente, incesante y sin arrepentimiento. La lujuria nunca ha aparecido en las Escrituras como un motivo de divorcio.

Por ahora, evitar el divorcio no debe ser su meta. Sanarse debe ser su primera prioridad. Trabaje en usted mismo antes de obrar para ganar a su esposa otra vez. No culpe a su esposa ni a nadie más por lo que está pasando. Nadie sino solo usted tiene la culpa de su adicción.

Con la ayuda de Dios, puede vencer esto. La fuerza de voluntad no va a funcionar. Necesita que el poder de Cristo fluya a través de usted. Puede hacer todas las cosas a través de Cristo que lo fortalece (ver Filipenses 4:13).

Empiece con usted mismo, y luego trabaje por su matrimonio.

Crecí en un hogar donde mencionar la palabra sexo estaba prohibido. ¿Cómo desarrollo una perspectiva sana sobre el sexo?
En un intento por proteger la virginidad de los hijos, algunos padres caen en la trampa de utilizar una educación sexual basada en la vergüenza. Utilizan códigos, detalles mínimos, y se sienten muy tímidos al hablar del tema con sus hijos. Este tipo de educación con frecuencia genera la creencia de que el sexo no se debe mencionar o es sucio.

Dios es santo. Dios creó el sexo. Él diseñó el sexo. Él quiere que usted lo disfrute. Como pastor, me preocupa mucho la vida sexual de cada miembro de nuestra iglesia. Quiero que cada miembro de nuestra congregación tenga una vida sexual estupenda dentro del contexto de Dios. Las parejas de nuestra iglesia que disfrutan mutuamente de una relación sexual satisfactoria tienen por consiguiente matrimonios fuertes.

A continuación hay cuatro pasos que usted puede dar para desarrollar una creencia sana sobre el sexo.

1. *Empiece a leer.* Ya ha empezado a hacerlo al leer este libro. Espero que haya descubierto algunas verdades sobre la intimidad sexual que se basan en las Escrituras y quizás usted no sabía.

2. *Empiece a hablar.* Comience con su cónyuge o futuro cónyuge. Hable con sus hijos. Hable de la intimidad sexual con algunos amigos de confianza o en los estudios bíblicos. La discusión sana promueve creencias sanas.

3. *Rompa el silencio.* Son las iglesias y los padres quienes deben enseñar sobre el sexo, no Hollywood ni las escuelas.

4. *Busque ayuda pastoral o profesional.* Sus creencias pueden necesitar más ayuda de la que pueden ofrecer un par de libros o unos amigos. Asuma el riesgo y busque una buena instrucción bíblica.

¿Cómo podemos hablarles a nuestros hijos sobre sexo?
Yo creo que la mejor manera para hablarles de este tema a los niños es con oración, gracia, amor y honestidad. Muy frecuentemente los padres caen en el patrón nocivo de utilizar palabras en código, una práctica que por lo

general empieza cuando los niños son pequeños.

Mi hija de cuatro años, Corynn, hace muchas preguntas y algunas de ellas tienen que ver con la sexualidad. Ella pregunta: «¿Qué es eso que tiene Carson?» En vez de utilizar términos como «pipí», «el cosito» o «eso», yo le digo: «Ese es el pene de tu hermano».

Es importante entender y comunicar lo que es apropiado y lo que no. Sin embargo, cuando usted empieza a utilizar códigos y a intentar esconder la verdad con historias como los pajaritos y las abejas, la cigüeña y todo eso, les robamos a nuestros niños la oportunidad de conocer la verdad y sentirse cómodos con lo que son y lo que Dios los ha creado para que sean.

Hace poco mi hija y yo estábamos caminando, cuando de pronto me dijo:

—Ella también es una niña, ¿cierto, papi?

—Sí, es una niña —confirmé.

—Pero ella tiene senos y yo no —dijo.

—Bueno, un día te compraré un sujetador —respondí—. Va a ser muy emocionante el día que tus senos empiecen a crecer. Eso va a pasar en aproximadamente diez años.

Mi hija no sabe muy bien la diferencia entre diez años y diez minutos, así que ella sigue preguntando si ya se está acercando al día. Yo le digo que todavía le falta mucho tiempo.

Durante la edad preescolar, el cerebro de un niño se desarrolla rápidamente. Si usted le enseña que el cuerpo es vergonzoso, y lo hace de maneras sutiles, el niño va a creer eso durante los años siguientes. Por eso es tan importante evitar los códigos y ser honestos con nuestros hijos.

Notas

1. Richard Dobbins, «Bonding», *Homemade* (noviembre de 1987), citado en Bible.org, 2007, http://www.bible.org/illus.php?topic_id=1392, visitado el 24 de agosto de 2007.